Josef Victor Hürbin

Mundart, Sprachunterricht und Rechtschreibung

Josef Victor Hürbin

Mundart, Sprachunterricht und Rechtschreibung

ISBN/EAN: 9783743301795

Hergestellt in Europa, USA, Kanada, Australien, Japan

Cover: Foto ©Thomas Meinert / pixelio.de

Manufactured and distributed by brebook publishing software (www.brebook.com)

Josef Victor Hürbin

Mundart, Sprachunterricht und Rechtschreibung

Vorbericht.

Am 14. Februar l. J. schrieb mir mein Freund, J. Keller, Direktor des Lehrerseminars Wettingen, folgenden Brief: „Meine Absicht ist, Dir für eine gute That zu danken, welche Du vor Jahren* gethan hast. Ich beschäftige mich seit langer Zeit mit einem Aufsatz über das Verhältnis unseres Dialektes zum Schriftdeutschen (zum Besten unserer Volksschullehrer, versteht sich von selbst). Das Ding hat mir recht viel Mühe gemacht, und ich habe manches Buch studiert, das mir wenig Ertrag abwarf. Nun komme ich durch Zufall auf zwei Aufsätze, die Du als Rektor in Muri verfaßt hast, und die nun das, was ich bringen wollte, volkstümlich, den Nagel auf den Kopf treffend, überhaupt in ganz ausgezeichneter, mustergültiger Art schon enthalten.

„Verdiene ich einen Vorwurf, daß ich die Sache nicht kannte? Verdienst Du einen solchen, daß Du mich auf diese Fundgrube nie aufmerksam machtest? Verdient das Publikum einen zweifachen, weil es keinen Separatabdruck verlangte?

„So viel ist sicher: Hätte ich diese Arbeiten gekannt, so wäre die meinige unterblieben. Ich war wie

---

* Schlußberichte der Bezirksschule Muri 1867 und 1871.

aus den Wolken gefallen, als ich neulich die beiden Programme zu Gesicht bekam. Was ich mir durch nicht gewöhnliche Mühe erworben hatte, fand ich hier hübsch beisammen," u. s. w.

Diese wohlwollenden, aus kompetenter Feder geflossenen Zeilen veranlaßten mich, die beiden Aufsätze mit einigen zeitgemäßen Abänderungen, jedoch ohne Berücksichtigung der neusten orthographischen Reformen durch Neuauflage einem größern Publikum und namentlich der heimatlichen Lehrerschaft, der ich das Büchlein hiermit widmen möchte, zugänglich zu machen. Möge, was ich biete, freundliche Aufnahme finden und zur Erleichterung beim Lehren und Lernen und dadurch zur Förderung der Sprachbildung unserer Jugend sein bescheidenes Scherflein beitragen!

Lenzburg am Jugendfesttage 1895.

J. V. Hürbin.

Die malerischen Kleidertrachten, deren früher fast jede schweizerische Landschaft eine andere darbot, sind bis auf wenige verschwunden, und auch diese fangen sich nach und nach zu modernisieren an, so daß z. B. im Freiamte die Original-Brönzkappe schon dem verschleierten Häubchen, die sogenannten Ärmel *(Gschope)* in Verbindung mit dem farbenblinkenden Brusttuche der alles verhüllenden Jacke *(Mutze)* weichen mußten. So beim weiblichen Geschlechte, denn für die männliche Bevölkerung hat längst jede landschaftliche Tracht aufgehört, höchstens daß man noch da oder dort, z. B. im Kanton Baselland den grünen, im alten Aargau den „*älben*", kurzgeflügelten Staatsfrack antrifft, zu welchem die landessittliche Tabakspfeife natürlich sich besser ausnimmt als zu dem modernen Flügelkleide des Rockes. Auf diese Weise verlor unser Vaterland einerseits durch die alles Leben zuschneidende Kultur, andrerseits durch den Wechsel in den Kleiderstoffen, namentlich infolge der Wohlfeilheit der Baumwollentücher gegenüber den wollenen Stoffen, sein der jungen Frühlingswiese gleichendes nationales Kleiderfarbenspiel, den äußern thalschaftlichen Heimatschein, eingetauscht gegen einfarbige Geschmacklosigkeit. Es möchte diese Thatsache Vielen nationaler erscheinen als die äußere Trachtenzersplitterung, die den Schweizer in einem andern Kantone, ja sogar in einer ennetbergischen Thalschaft als den bundesgenössigen Fremdling auftreten läßt. Und gewiß könnte sich auch der Verfasser dieser Zeilen leicht mit dem Gedanken befreunden, für alle Schweizer und Schweizerinnen zum Zeichen ihrer Zusammengehörigkeit ein einheitliches, aber einfaches Nationalkostüm einzuführen, wie es auch bei andern Völkern jetzt noch Sitte ist und bei den mächtigsten und gebildetsten Nationalitäten des Altertums der Fall war. So lange dieses Ziel aber nicht erreicht wird und die Schweizertrachten dem bloßen kosmopolitischen Alltagsrocke geopfert werden sollen, so lange erscheint ihm das Verschwinden der verschiedenen Landestrachten als ein beklagenswerter Verlust.

Kein besseres Schicksal als unsern Landestrachten droht schon seit geraumer Zeit auch dem schweizerischen Idiom; daher die großen Anstrengungen einzelner Männer wie z. B. eines Stalder, Tobler, J. Hunziker und namentlich der Antiquarischen Gesellschaft in Zürich, mit Prof. Dr. Fritz Staub an der Spitze, welche sich in unsern Tagen die Sammlung der schweizerdeutschen Idiotismen zur Aufgabe gemacht hat, um auf diese Weise jene Formen zu retten, in welche Jahrhunderte vor uns ihre belletristischen Erzeugnisse, ihre Geschichte, ihre Denkart, ihre Sitten und Gebräuche, mit einem Worte, ihr ganzes Kulturleben ausgegossen haben. Und sicherlich durfte man mit Errichtung dieses sprachlichen Denkmals keinen Augenblick mehr zögern, wenn man nicht Gefahr laufen wollte, gerade das Kostbarste, weil Eigentümlichste unsrer Mundart zu verlieren; denn die modernisierende Zeit und Kultur hat mit besonderer Wollust gerade nach den naturwüchsigsten Ausdrücken gegriffen, um dieselben auszuraufen und mit Form und Sinn unter die Schwelle des Bewußtseins zu drücken. Ja kaum in den entlegensten Winkeln hat sich das altehrwürdige Idiom noch in seiner ganzen Vollkraft und Mannigfaltigkeit erhalten. Wo die neuen Verkehrsmittel mit ihren Fangarmen hin zu reichen vermögen, da beginnt mit aller Geschäftigkeit der Aufputz und die Modernisierung des Kulturlebens. Auf einmal wäre es natürlich nicht möglich gewesen, die Sprache am häuslichen Herde mit Stumpf und Stiel auszurotten, um sich der Fremde und den Fremden ehrerbietigst anzubequemen und ein mitleidvolles Lächeln derselben abzuwenden. Zuerst raufte und rauft man daher jene mundartlichen „Disteln", die in ihrer allzu großen Entfernung von der jetzigen Schriftsprache der Kultur der Neuzeit am schärfsten in die Nase stechen, aus dem Boden, in welchen sie ihre Pfahl- und Saugwurzeln seit Jahrhunderten bis auf die heidnischen Gräber der Alemannen gesenkt haben. Hiezu reichte und reicht die Bildung unserer Zeit ihre dienstfertige Hand. Namentlich stehen viele, in kokettierenden Instituten lackierte Mütter täglich auf der Lauer, um ihren Kindern solch rohe, bäurische Ausdrücke vor dem Munde wegzufangen, wenn jene zufälliger Weise eine solche im Verkehre mit weniger geschminkten Kameraden gehört und sich in ihrer Natürlichkeit angepfropft hätten. Es wäre eine Todsünde gegen den bessern gesellschaftlichen Ton, zu sagen: „*Ghei mer dänes Buech nit abe!*" „*Fäll mer dänes Buech nit abe!*" klingt solchen feinfelligen Ohren weit angenehmer. Ob der Sprache auf solche Weise Gewalt angethan und dieselbe mißbraucht werde, darum kümmert man sich nicht; denn es gibt für solche Vergehen keinen Kriminalkodex und kein Schwurgericht.

Warum sollte solches aber nicht vorkommen? Hat doch unsere Volksfchule selbst direkter und indirekter Weise in die Mundart auch schon Jagd gemacht. Die Erinnerung des Schulkindes an die bäurischen Ausdrücke trete diesem auf dem Wege zum Schriftdeutschen, wie sie meint, in den Weg und sei das große Hemmnis im Fortschritte der Rechtschreibung, der reinen Ausfprache, der schrifteigenen Ausdrücke etc. Ja obschon man aus langjähriger Erfahrung weiß, daß der Sprachunterricht alsdann am fruchtbarsten wirkt, wenn er auf Sprachvergleichung beruht; obschon man allenthalben beim Unterrichte von der Ansicht ausgeht, es sei das Unbekannte und Neue an das Bekannte und Vorhandene anzureihen, um auf diese Weise zur bessern Einsicht zu führen; obschon die kleinen und großen Propheten von allen Dächern herab den Anschauungsunterricht predigen: so blieb die Mundart beim Schulunterrichte bis jetzt im allgemeinen doch als ein sinnloses und unbrauchbares Nolimetangere unberücksichtigt am Wege liegen, und Priester und Leviten gingen unbekümmert daran vorüber. Damit aber hier der barmherzige Samariter nicht fehle, so las man jährlich zwei bis drei alemannische Gedichte von Hebel, jedoch mehr aus Interesse am Inhalte als an der Form: man übersetzte sie in mundartliches Schriftdeutsch und glaubte, was Großes geleistet zu haben. Zugleich diente das Idiom als Magd beim Schulunterrichte, ja sogar in den deutschen Sprachstunden, d. h. man sprach mundartlich, indem man das Barbarische der Mundart verurteilte, die Schriftsprache allein als erhabene Königin auf den Thron setzte und mit vollem Orchester dieser einen Tusch brachte.

Ist die Mundart nun aber wirklich ein so unfügsamer, unorganischer und plumper Klotz, daß man sich beim Sprachunterrichte, wie es längst geschehen ist, in so respektvoller Entfernung von ihr halten müßte und sie nicht auch vergleichungsweise herbeiziehen dürfte? Gewiß nur für solche, welche sie nicht verstehen, weil sie nicht dabei und darin aufgewachsen sind. Möchten solche sich daran erinnern, daß sich bei uns seit Jahrhunderten die Menschen in ihrer Ausdrucksweise gefallen und sich dann am besten verstanden haben, wenn sie sich nicht von außen her beeinflussen ließen. Wer dagegen unter und mit unserm Volke gelebt und dessen Leben nicht etwa nur an der Oberfläche berührt hat, der wird gestehen müssen, daß er nirgends mehr Offenheit, Gemütlichkeit, Zutraulichkeit und Mutterwitz gefunden habe, als bei uns.

Die Vermittlerin dieses geselligen Lebens ist aber die Sprache; sie muß daher offenbar auch den Ton des in sie gegossenen Inhaltes anzuschlagen wissen und sich zu dessen Darstellung als handlich und fügsam erweisen. Und in der That ist sie dazu wie gemacht, in körniger und naturwüchsiger Weise Trägerin unsres Kulturlebens zu sein. Allerdings ist dabei nicht zu verhehlen, daß sie sich wie das einzelne Individuum auch in derbster Färbung präsentieren kann; es ist nicht zu verhehlen, daß sie in Flexion und Konstruktion hinter dem Schriftdeutschen zurückgeblieben ist und dessen Geschmeidigkeit und Elastizität nicht besitzt. Dieses beweist aber durchaus nicht, daß sie einer Ausbildung in dieser Richtung nicht auch fähig gewesen wäre, sondern bloß so viel, daß sie dieser Ehre nicht gewürdigt wurde, was von dem einfachen Umstande herrührt, daß die kleine Schweiz in Wissenschaft und Litteratur nicht tonangebend sein konnte. Dagegen ist es eine unleugbare Thatsache, daß unsere Mundart dem Alt- und Mittelhochdeutschen weit näher steht, als die jetzige Schriftsprache und nach verschiedenen Richtungen dazu als öffnender Schlüssel dient. Liegt nicht in diesem Umstande allein schon ein gewichtiger Grund, die Mundart zu schonen und gegen jede systematische Verdrängung zu schützen? Oder sind etwa die litterarischen Schätze der alt- und mittelhochdeutschen Periode so gering und deren Verständnis so leicht, daß sich die Bedeutung der Dialektkenntnis in diesem Falle auf Null reduzieren sollte?

Wie gewaltige Verstöße in dieser Weise aber auch gebildete Männer oft machen können, zeigt der frühere

Professor und Kantonsbibliothekar Frz. Xaver Bronner in seiner Beurteilung der Landesſprache (vergl. Gemälde der Schweiz, Kt. Aargau, Bd. II, pag. 1—2), wo es unter Anderm heißt: „Meistens verändert sich das deutsche *au* in ein gedehntes *uu*, wie *Kruut* statt Kraut, *Buu* statt Bau, *Huut* statt Haut, aber nicht *Buum* statt Baum, nicht *bluu* statt blau, nicht *Pfuu* statt Pfau." Bronner scheint hier übersehen zu haben, daß die Veränderung auf Seite des Neuhochdeutschen stattgefunden, die Mundart dagegen das sprachgeschichtlich Richtige beibehalten hat. Es gibt nämlich ein dreifaches hochdeutsches *au*: das eine entstand aus dem alt- und mittelhochdeutschen langen *û*, und dieses hat die Mundart beibehalten. Sie sagt daher sprachgeschichtlich ganz richtig *tûsig* (gothisch *thûsundi*, ahd. *tûsunt*, mhd. *tûsend*, nhd. *tausend*), ebenso *Hûs, Dûme, Mûs, rûme* (räumen), *lûsche* (lauschen), *rûsche* (rauschen), *rûch* (rauh), *chûm* (kaum) u. s. w. Ein andres *au* bildet sich aus *ou*, z. B. Frau aus *frouwe*, Laub aus *loub*, glauben aus *gelouben*; das dritte endlich entstand aus *aw*, so z. B. blau aus *blaw*, grau aus *graw*, Pfau aus *pfâwe*. Die beiden letzten *au* hat sich nun die Mundart ebenso gut zu eigen gemacht, wie die Schriftsprache, während sie in Beziehung auf das erste selbständig geblieben ist. Wer wird ihr deshalb aber einen Vorwurf machen und glauben, daß sie unrichtiger Weise auch *bluu, Buum* und *Pfuu* sagen sollte, weil sie ganz richtig *Hûs, Mûs, Hût* etc. sagt? — Auf gleiche Weise verhält es sich mit der Behauptung, das schriftdeutsche *ei* gehe in der Mundart in ein gezogenes *ih* über; denn wo in derselben ein inlautendes *i* dieser Art sich zeigt, wie z. B. in *wiß, Ise* (Eisen) etc., stammt es aus dem Mittelhochdeutschen und ist sonach keine willkürliche Veränderung des Dialektes. Wo aber im Mittelhochdeutschen ein *ei* vorkommt, da hat es auch der Dialekt beibehalten z. B. *Bei* (Bein), *Heimet* (Heimat), *heilig* etc.

In welch wegwerfendem Tone jene grundlosen Ansichten indessen geschrieben worden sind, und wie der sel. Verfasser, dem nach andern Richtungen große Verdienste um den Kanton Aargau gewiß nicht abzusprechen sind, die Mundart keineswegs mit geneigtem Ohre aufnahm, zeigt eine andere Stelle jener Abhandlung, die ich hier zu zitieren nicht unterlassen kann. Sie heißt: „Einige Landwirte befleißen sich rein deutsch zu schreiben, und „bitten" die Obrigkeit ihnen Tanzmausik zu bewilligen, als wäre im Worte Musik das *a* alemannisch weggelassen worden wie das *a* in „Tusig", das „Tausend" heißt." Wer mit so kleinlichen Irrtümern des Volkes, die ohnehin in *dieser* Art doch nur eine Seltenheit sind, in öffentlichen Schriften Spott treibt und dasselbe in seinen unschuldigsten Mißgriffen an den Pranger stellt, der hat das Volksleben nicht erfaßt und ist nicht berufen, dasselbe zu beurteilen.

Und solche Kritiker und Verächter der Mundart gibt es auch heutzutage noch viele, die auf jede Weise das Tölpelhafte, Unbeholfene und Rohe derselben zu belächeln suchen. Es ist daher eine zeitgemäße Pflicht zunächst aller, die sich um die Sprachwissenschaften bekümmern, sodann aber auch aller jener, die sich aus historischen Zwecken und aus Vaterlandsliebe um Erhaltung von Volkseigentümlichkeiten so wertvoller Art interessieren, einem solchen, dem Mißverständnis entsprungenen Treiben entgegen zu treten und zur Erhaltung unsers so schätzbaren Idioms beizutragen. Dieses kann nun auf sehr verschiedene Weise geschehen, am zweckmäßigsten, vorteilhaftesten und allgemeinsten aber nach meiner Auffassung beim Unterrichte, und es entsteht also die Frage:

Wie kann die Mundart beim Unterrichte im allgemeinen und ganz besonders beim Sprachunterrichte verwendet werden?

Die Beantwortung dieser Frage ist keineswegs ganz leicht, und es wird kaum möglich sein, hier sofort das Richtige zu treffen; dadurch läßt sich aber der Schreiber dieser Zeilen in der festen Überzeugung, daß etwas geschehen müsse, nicht abschrecken, doch einen Versuch zu wagen, den der freundliche Leser jedoch immer nur als einen solchen betrachten möge.

a. Richtige Auffassung und Verständnis.

So wenig bei Erlernung der Elemente einer fremden Sprache ein Verständnis des Schülers erhältlich ist ohne die richtige Übersetzung in die Muttersprache, eben so wenig fruchtbringend ist der Unterricht in der Schriftsprache für angehende Elementarschüler ohne erklärende Herbeiziehung der mundartlichen Ausdrucksweise. Das Unbekannte in Begriff und Wort, in Gedanken und Satz schließe sich an das Bekannte an. So entsteht ein sprachlicher Anschauungsunterricht fruchtbarster Art, der um so notwendiger ist, je mehr der schriftdeutche und der mundartliche Ausdruck in phonetischer Beziehung von einander abweichen. Was stellt sich z. B. ein Kind unter dem Ausdruck „Zwiebel" vor, wenn es sein Lebtag den dadurch bezeichneten Begriff stets nur „*Bölle*" hat nennen hören? Was ist eine Weste? fragte der Lehrer den kleinen Albert. Und dieser antwortete nach langem Bedenken: „*Ne Weste ist nes Wöschhüsli.*" Damit soll nur gezeigt werden, daß das Kind dem Worte zwar auch eine Bedeutung unterzulegen sucht, aber nicht immer die richtige findet. Wird im genannten Falle aber beim Lesen dem Ausdruck Weste sofort der mundartliche „*Libli*" beigesetzt, so braucht man keine weitere zeitraubende Erklärung anzustimmen, und das Kind weiß dennoch, was es sich vorzustellen hat.

Ich meine daher, es sollte in den untern Klassen unsrer Elementarschulen kein Wort und kein Satz gelesen werden, dem man nicht auch, aber nur *mündlich** von Seiten der Schüler, und wo es notwendig würde, vom Lehrer den entsprechenden mundartlichen Ausdruck folgen ließe. In den obern Klassen und höhern Schulen wäre dieses dann nur noch gegenüber solchen Wörtern zu thun, die möglicher Weise in den untern Klassen noch nicht vorgekommen sind. Diese auszumitteln ist Sache des Lehrers, der in dieser Hinsicht bei den Schülern nicht wenig genug voraussetzen kann. Es kann in der Praxis zwar vorkommen, daß man der anwesenden Klasse Dinge erklärt zu haben glaubt und dann darüber hinweggeht, wovon diese noch gar nichts weiß. Man erinnert sich hiebei an den Vorgang in einer frühern Klasse. Es gibt auch Lehrer, welche bei ihren Schülern zu viel voraussetzen, weil sie sich zu wenig in den Gedanken- und Wissenskreis derselben zurück versetzen können. Nach dem Gesagten wird sonach klar, daß in dieser Beziehung der Lehrer weder gegen sich, noch gegen die Schüler mißtrauisch genug sein kann, wenn er fruchtbar wirken will. Es ist hier auch nicht zu übersehen, daß unsere Schulkinder, und wenn sie sich auch täglich in der unmittelbarsten Nähe des gewerblichen Berufes z. B. der Landwirtschaft, des Handwerks etc. aufhalten, nach meiner Erfahrung doch bei

---

* Dadurch unterscheidet sich die vorliegende Methode hauptsächlich von derjenigen, welche überall von der Mundart ausgeht, um so auf die Schriftsprache jedoch nicht bloß mündlich, sondern auch schriftlich hinüber zu leiten. Wer Dialekt lesen und schreiben will, muß schon eine bedeutende Übung haben. Daher kann diese Methode in den Elementarschulen nicht angewendet werden.

weitem nicht alle mundartlichen Ausdrücke und Redensarten kennen, obschon sonst das jugendliche Gedächtnis dafür am empfänglichsten sein sollte. Es mangelt der Jugend noch teils das Interesse an der Sache, teils aber spielt auch die Verachtung der Mundart und die falsche Scham, ausgelacht zu werden, wenn man sich etwa allzu bäurisch ausdrückte, eine nicht zu unterschätzende Rolle.

Ich erlaube mir hier noch darauf hinzuweisen, daß die Methode der nachherigen und bloß mündlichen Vergleichung mit der Mundart keine Veränderung unsrer Lehrmittel verlangt. Im mündlichen Lehrverkehre liegt überdies auch mehr Lebhaftigkeit, Mannigfaltigkeit und Unterhaltung als in der Methode, welche von vornherein alles schriftlich fixiert wissen will.

Kommt sodann das Schulkind dazu, größere schriftdeutsche Stücke, z. B. Erzählungen, lesen zu können, so hat man, um herauszufinden, in wie weit es das Gelesene verstanden und wo man nachzuhelfen habe, das beste Mittel einer Kontrolle wieder in der Mundart, in welcher man das Gelesene nacherzählen läßt. Dieses Verfahren bringt Abwechslung in den Unterricht und gefällt den Schülern sehr gut, weil sie sich dabei etwas freier bewegen können. Kommt etwa ein unpassender Ausdruck zum Vorschein, so mag er wohl verbessert, aber nicht als Todsünde verurteilt werden. Wenn aber die Kinder darüber gar auflachten und in Heiterkeit ausbrächen, müßte man dann nicht vom Lehrstuhle herunter sofort drohende Blicke senden, den schulmeisterlichen Mund zusammenziehen und ein viereckiges Gesicht schneiden? Möglicherweise gibt es Pedanten, die sich auf keine andere Weise Ansehen verschaffen können; doch diese passen nicht in die Schule hinein. Warum sollte man, wenn wirklich ein unschuldiger Anlaß vorhanden und der Anstand nicht gefährdet ist, mit den Kindern höhern und niedern Alters nicht auch einmal auflachen dürfen, um hernach mit erneutem Ernste wieder weiter zu fahren. Ein Lehrer, der stets nur ein griesgrämiges Gesicht macht und allen Humor aus der Schulstube verbannen will, der gleicht einer Vogelscheuche im Weizen, welche die Spatzen nur so lange abhält, bis sie gesehen haben, daß sie, weil keine Abwechslung, so auch kein Leben besitzt.

Beim Unterrichte werden sich die Schüler, namentlich in untern Klassen, gewohnheitsmäßig immer wieder der Mundart bedienen, was ihnen nicht als Verbrechen angerechnet werden darf. Besser eine vernünftige Antwort in der Mundart als eine unvernünftige, verkehrte oder unverstandene in der Schriftsprache. Der Lehrer soll das Dargebotene in jeglicher Form entgegennehmen und es sodann soweit nötig ergänzen und verbessern lassen. Wiese er dagegen den etwas unbeholfenen Ausdruck ungeduldig zurück, so würde der Schüler dadurch eingeschüchtert, befangen und wüßte sich vor lauter Angst nicht mehr zu helfen. Wenn ein ins Wasser Gefallener die Hand empor streckt und Rettung sucht, so muß man ihm eine Stange, ein Seil u. s. w. entgegenstrecken und nicht etwa die Hand zurückweisen, weil nur sie und nicht der ganze Leib sich über die Oberfläche des Wassers erhoben hat. Es ist nicht nur im Sprachfache, sondern auch in allen andern Dingen eine Ursache der Entmutigung, wenn man auf einmal zu viel verlangt, und was mit aller Anstrengung hervorgebracht wird, geringschätzt, verkennt und ohne Barmherzigkeit zurückweist. Wenn unsere Schulreglemente und Lehrpläne zu einem solchen Vorgehen veranlassen sollten, weil sie z. B. für die vier obern Klassen der Gemeindeschulen und alle Klassen der höhern Schulen *"ausschließlich"* den Gebrauch der Schriftsprache beim Schulunterrichte von Seite der Lernenden und des Lehrers vorschreiben, so würde trotz der guten Absicht, die bei deren Abfassung vorgeschwebt haben mag, der Zweck doch nie erreicht werden, weil die Zwangsjacken nirgends so leicht entbehrt werden können, als gerade beim Schulunterrichte. Die Lehrer werden zwar schon früher die Schüler anhalten, sich in schriftdeutschen Sätzchen auszudrücken und so die Schriftsprache wo immer möglich zu Ehren zu ziehen; aber an „Ausschließlichkeiten" werden sie sich so wenig halten als an Unmöglichkeiten. Wenn also zur Abwechslung einmal eine Antwort in der Mundart kommt, so werden sie deshalb nicht aus der Haut hinaus schlüpfen, sondern bloß den Schüler veranlassen, die Sache zu überlegen und sie so gut als möglich in die schriftdeutsche Form umzugießen. Ich sage: so gut als möglich, weil ich davon überzeugt bin, daß weder unsere Gemeindeschüler und Fortbildungsfchüler, noch unsere Bezirksfchüler trotz allem Fleiße und aller Übung es je „zur vollen Richtigkeit, Fertigkeit und Gewandtheit im mündlichen Ausdrucke des Schriftdeutschen" bringen werden, was man doch von ihnen zu fordern scheint. Man kann von diesen bloß verlangen, daß sie etwas Gelesenes wieder schriftdeutsch erzählen können, was ihnen um so leichter werden wird, je genauer sie die Form des Lesestückes ins Auge gefaßt haben. Ich habe meine Schüler auch zu einer ordentlichen schriftdeutschen Schulkonversation gebracht; aber das heißt man noch nicht „richtig, fertig und gewandt" sprechen, denn zwischen Schulkonversation, wo der Schüler die Antwort nach der Frage des Lehrers formuliert, etwas Gehörtes oder Gelesenes regelrecht wieder erzählt, und zwischen allgemeiner Konversation ist eine so große Kluft, daß sie sogar gebildete Leute oft nicht zu überbrücken imstande sind. Ein Konglomerat von schriftdeutschen Wörtern in mundartlicher Zusammenfügung ist nämlich noch lange kein Schriftdeutsch. Von den Schulen muß man aber verlangen, daß sie zur Sprachreinheit und nicht zur Verballhornisierung anleiten.

b. Die Aussprache und die Rechtschreibung.

Der Dialekt muß sehr häufig die Ursache sein, daß die Rechtschreibung in unsern Schulen nicht recht gedeihen will. Und wirklich mag derselbe dazu etwas beitragen, und zwar namentlich da, wo er in harten und weichen Leiselauten, in der Dehnung und Schärfung der Hellaute von der Schriftsprache bedeutend abweicht. Allein es wäre ja gerade Aufgabe der Schule, darauf aufmerksam zu machen, wo solches stattfindet. Wie könnte dieses aber zweckmäßiger geschehen, als durch die schon angedeutete Vergleichung? Man spreche nach Anleitung des Lehrbüchleins bei den ersten Leseübungen die Wörter und die darauf folgenden kurzen Sätze und lasse hierauf den mundartlichen Ausdruck in seiner übereinstimmenden oder abweichenden Ausſprache folgen. Wo die Ausſprache nicht zusammentrifft, da mache man insbesondere die Anfänger noch besonders darauf aufmerksam. Der Unterschied muß namentlich ins Gehör als Kontrollorgan der Tonsprache übergehen. Hat der Schüler richtig gehört, so wird er das nächste mal auch richtig sprechen. Die richtige Ausſprache allein ermöglicht sodann auch eine richtige Schreibung. Wenn aber, wie es häufig geschieht, das Schriftdeutsche selbst nicht richtig, sondern auf willkürliche Weise ausgesprochen wird; wenn der Lehrer gleichgültig ist und das Kind in einem Sprachtonnebel herumtappen läßt; ja wenn man es für besonders wohlklingend hält, mit weitester Mundöffnung $\hat{a}$ statt $\ddot{a}$ ($\grave{e}$), *äff* statt *eff*, *ärr* statt *err* u. s. w. zu sagen, trotzdem man seiner Zeit zur richtigen Ausſprache angeleitet wurde: so kann die Mundart dafür nichts und weist jede derartige Verantwortlichkeit von der Hand. Ebenso wenig kann sie etwas dafür, daß die Schriftsprache nicht für jeden besondern Laut auch eine besondere Bezeichnung hat, wodurch das Kind ebenfalls leicht irre geleitet wird. Oder wie sollte es heraushören können, daß z. B. die beiden Wörter „schwerlich" und „gefährlich" bei gleichem Inlaute verschiedene Lautzeichen — e und ä — haben? Und so gibt es noch viele Fälle.

Zur unrichtigen Schreibung trägt endlich auch eine übel verstandene und nachlässig betriebene Lautier-Methode bei. Ja man ist sogar bereit, dem Lautieren als solchem überhaupt den Vorwurf zu machen, daß es seit seiner Herrschaft in der Orthographie weit böser stehe als unter der frühern Buchstabiermethode. Und es mag auch wirklich etwelche Berechtigung in diesem Vorwurfe liegen. Die Lautiermethode bietet für den Leseunterricht die größten Vorteile dar. Sie führt nach dieser Richtung weit eher zum Ziele als das Buchstabieren und darf also in keiner Weise vernachlässigt werden. Dabei ist aber nicht zu übersehen, daß gar viele Schulkinder, sogar begabtere, für die Auffassung und Unterscheidung der einzelnen Laute, besonders der harten und weichen, ein zu wenig scharfes Gehör haben, wie man solches dem musikalischen Tone gegenüber ebenfalls täglich wahrnehmen kann. Solche Kinder verwechseln nun mit den Lauten auch die Lautzeichen und schreiben mit bestem Fleiße unrichtig. Wenn dagegen ein Kind zwei Jahre lang fast wöchentlich, also im ganzen über hundert mal, die Lautzeichen oder Buchstaben und nicht bloß die Laute *desselben* Wortes beim Buchstabieren hat nennen müssen, so ist ihm dessen Schreibweise gleichsam in Fleisch und Blut übergegangen. Aus dem Gesagten folgt, daß man in unsern Volksschulen der Rechtschreibung wegen auch die Buchstabierübungen fortsetzen sollte. Damit dieselben aber nicht zeitraubend mit dem Lautieren zusammen fallen und ihren Zweck, *die Förderung der Orthographie*, eher erreichen, sollte man damit erst im zweiten Schuljahre beginnen und sie wenigstens bis zum fünften, also in drei auf einander folgenden Klassen, fortsetzen. Diese Buchstabierübungen werden am zweckmäßigsten außerhalb der Schulbänke vorgenommen. Man stellt zu diesem Zwecke die Klassen kreisförmig auf, und zwar, wenn man mehrere zu gleicher Zeit unterrichtet, die eine in diese, eine andere in eine andere Ecke. Die Aufsicht führt in letzterm Falle ein Schüler, bei den Mädchen eine Schülerin aus einer *höhern* Klasse. Dieser oder diese hat nun ein Buch, woraus sie einem Schüler nach dem andern je ein Wort zum Buchstabieren aufgeben. Verbindet man mit dem jeweiligen Können ein Hinauf- oder Hinabrücken in der Rangordnung, nach der gewöhnlichen Schulsprache „besetzen" genannt, so erzielt man bei den Schülern die größte Aufmerksamkeit. Natürlich wird man solche Übungen nicht alle Tage, sondern je nach Bedürfnis in den untern Klassen wöchentlich in 2 bis 3, in den obern in 1 bis 2 verschiedenen Stunden vornehmen. Vom guten Erfolge dieser Methode in der Rechtschreibung habe ich mich alljährlich bei der ersten Klasse unserer Lehranstalt überzeugen können.

Nach dieser kurzen Abschweifung wieder zum eigentlichen Thema zurückkehrend, erlaube ich mir noch, auf einige Ausdrücke zu verweisen, die in ihrer mundartlichen Ausfprache von denjenigen im Schriftdeutschen abweichen. Diese verdienen die besondere Beachtung des Lehrers, weil man, um zu einem *reinen* Schriftdeutsch zu gelangen, beim Lesen und Sprechen nicht genug auf allfällige Fehler aufmerksam machen kann. Es versteht sich hiebei von selbst, daß vor allem der Lehrer es sich zur Gewohnheit machen muß, richtig und wohlklingend auszusprechen und beim Lesen und Sprechen des Schriftdeutchen nicht zu „mundarteln". Auch hier wirkt wie in der ganzen übrigen Erziehung das Beispiel unendlich viel.

Mein heimatlicher Dialekt gebraucht das Wort *Achs* für das schriftdeutsche Axt und Achse, *Bett* für Beet und Bett, *läre* für lehren, lernen und leeren (leer machen), *Bar* und *bar* für Paar, paar und bar, *Stal* für Stall und Stahl; *Bal* für Ball, *brüele* für brüllen, *ghorsamm* für gehorsam, *ligge* für liegen, *Vatter* für Vater, *vill* für viel, *wemm* für wem; an einigen Orten sagt man *Schif* für Schiff, *Offe* für Ofen, *Fadde* für Faden, *Essel* für Esel, *Bassel* für Basel, *Schimel* für Schimmel, *Himel* für Himmel, *zimmli* für ziemlich. Dagegen unterscheidet jener in der Ausfprache Wörter, welche im Schriftdeutschen phonetisch fast zusammenfallen, recht deutlich, z. B. *bétte* (betten, das Bett machen) und *bätte* (beten) — das mundartliche *tt* wird unrichtigerweise bei der Ausfprache gewöhnlich auch auf das schriftdeutsche „beten" und „treten" übertragen —, *er reist* (reist) und *rißt* (reißt), *Saite* (Saite), *Site* (Seite) und *Side* (Seide): *wiß* (weiß), *er weis* (weiß). Das schriftdeutsche „daß" und „das", welche so häufig unrichtig geschrieben und verwechselt werden, unterscheidet die Mundart in der Ausfprache genau; ebenso „ist" *(isch* und *ischt)* und „ißt", welche Unterscheidung jedoch gegen die Lautgesetze des Schriftdeutschen verstößt, indem das *st* in und am Ende der Wörter nicht wie bei uns als ein *sch*, sondern als st (z. B. in reiste) gesprochen werden sollte, während es am Anfange derselben wirklich gezischt wird. Es ist wohl der Mühe lohnend, den Schüler mit diesem Gebrauche bekannt und während des Lesens und des Sprechens — aber nicht etwa bloß einmal im Jahre — darauf aufmerksam zu machen. Dem Alt- und Mittelhochdeutschen folgend spricht meine Frickthaler Mundart auch *Künig* statt König, *Sunne* statt Sonne, *Guld* statt Gold (*sunnig, guldig, vergulde*), *frumm* statt fromm. Diese *u* und *ü* hört man in unsern Schulen beim Lesen des Schriftdeutschen meistens durch, und es braucht in der That eine große und zähe Ausdauer von Seiten des Lehrers, es endlich dahin zu bringen, daß dafür *o* und *œ* gelesen und gesprochen werden. Christus, Christian, Christmonat schreiben die Kinder meistens mit k, während das *ch* der Mundart viel geläufiger ist als *k* und fast durchschnittlich statt desfelben gesprochen wird. Man sagt ja bekanntlich *Chabis, Chatz, Chnoblich, Chnächt, Chind, Chopf* u. s. w. — Wie hier der scharfe K-Laut statt des harten angewendet wird, so gebraucht mein heimatlicher Dialekt meistens auch den weichen T- (d) und P-Laut (b) statt des harten *t* und *p*, so z. B. in *Dâller, danze* (tanzen), *dod* (tot), *Dor* (Thor), *Dür* (Thüre) etc.; *Bobst* (Papst), *Bardei* (Partei), *Bèlz* (Pelz) *blaudere* (plaudern), *Bost* (Post) etc., während ganz richtig *Traum, Trank, Trumpf*, dagegen aber wieder ganz abweichend *Pflegel* statt Flegel gesprochen wird.

Von der Mundart mag es auch herrühren, daß viele Schüler bei uns *Zukumpft* statt Zukunft, *wahrscheindlich* statt wahrscheinlich, *reindlich* statt reinlich, *mändlich* statt männlich; *äntlich* statt endlich, *Bedürftniss* statt Bedürfnis, *nemmen* statt nehmen, *tretten* statt treten, *zusamen* statt zusammen, sodann *zulegst* statt zuletzt, *Gespengst* statt Gespenst, *fingster* statt finster, *ältiste* statt älteste lesen und schreiben; eben so findet man auch *weiters*, *ferners*, wo das s durchaus überflüssig ist, z. B.: „Der Bruder begleitete mich noch weiters als ich wünschte" — „Dieser Bettler ist uns öfters vor der Thüre gestanden, als jener." Wenn dagegen die Schüler *genohmen* statt genommen, *den* statt denn, *ihn* statt in, *ihm* statt im (mundartlich *imm*), *viel* statt fiel (v. fallen), *for* statt vor u. s. w. schreiben, so ist nicht die Mundart, sondern die Unachtsamkeit derselben daran schuldig. Die häufige Verwechslung von *f* und *v* ist schwer zu erklären; sie kommt vielleicht von einer zu wenig ins Ohr fallenden Unterscheidung beim Lautieren her. Die Zahl der mit v anlautenden Wörter ist aber mit Ausnahme der Zusammensetzungen von „ver" und „vor" so klein, daß man sie alle buchstäblich den Schülern zur Kenntnis bringen kann. Es wird sich auch der Mühe lohnen, über die vorhin behandelten Kardinalschreibfehler mit ihnen zu sprechen.

Was endlich die Dehnung der Hellaute betrifft, welche im Schriftdeutschen durch Verdoppelung *(aa, ee, oo)*, oder wie bei *i* durch ein nachfolgendes *e*, oder durch *h* (*ah, eh, oh, uh* und *ih* in *ihn, ihm, ihr, Sihl*) bezeichnet wird; so hat der Dialekt, welcher allerdings meistens nur mündlich gebraucht wird, so wenig als das Mittelhochdeutsche dafür besondere Lautzeichen, also weder Verdoppelung des Hellautes, noch ein nachfolgendes *e* und *h*. Wo im Dialekt nach dem *i* also ein *e* vorkommt, so bildet es einen eigentlichen Doppellaut (Diphthong) und wird besonders ausgesprochen, wie z. B. *Dieb, lieb, wie, Lied, die*. Man sage daher dem Kinde, daß es überall da, wo es im Dialekt dem *i* ein solches *e* nachklingen höre, auch im Schriftdeutschen ein solches zu setzen habe mit Ausnahme des Wortes „Licht", wo irrtümlich im Neuhochdeutschen das *e* ausgefallen ist, welches es im Althochdeutschen *(lioht* und *lieht)* und im Mittelhochdeutschen *(lieht)* noch hatte. — Das in der Mundart vorkommende *h* ist (wie im *Mhd.*) ebenfalls kein Dehnungszeichen, sondern ein wirklich lautender Konsonant und geht in den meisten Fällen auch in den scharfen *K*-Laut *(ch)* über, so z. B. *Höche* (Höhe), *gäch* (jäh), *wiche* (weihen), *zäch* (zäh), *gschäch nüt Bösers!* (geschehe nichts Böseres!) Dieser Übergang des *h* in *ch* zeigt sich indessen auch im Neuhochdeutschen, z. B. na*h*, nac*h* und näc*h*st, schmä*h*en und Schmac*h*, flie*h*en und Fluc*h*t, zie*h*en und Zuc*h*t.

c. Die Wortbildung.

Nach keiner Richtung hat sich die Mundart so sehr entwickelt als auf dem Gebiete der Wortbildung; daher die Mannigfaltigkeit im Ausdrucke und die scharfe und prägnante Bezeichnung jedes Dinges, jeder Eigenschaft und jeder Thätigkeit. Wer sich von dieser Reichhaltigkeit überzeugen will, versuche es einmal, alle Ausdrücke, die er im Laufe eines Tages oder einer Woche im Volksverkehre hört, *richtig* ins Schriftdeutsche zu übertragen. Er wird dabei die Erfahrung machen, daß er in vielen Fällen trotz aller weitläufigen Umschreibung die Sache doch nie genau bezeichnen könne, ja er wird sich gar oft in die Unmöglichkeit versetzt sehen, sich schriftdeutsch verständlich zu machen, weil ihm die Ausdrücke geradezu abgehen. „Wäre das möglich?" wird man mir einwenden und die weitere Frage beifügen, wie sich denn solche helfen, die keinen besondern Dialekt, sondern immer nur die Schriftsprache gebrauchen. Auf diese Frage antworte ich: Die Sprache steht im Dienste des Menschen und muß sich dabei so mannigfaltig bethätigen, als die Verhältnisse sind, in denen dieser sich bewegt. Zur Bezeichnung aller dieser Verhältnisse muß sie Lautgebilde schaffen. Dieses Schaffen geht aber so weit, als die Sprache den Menschen begleitet. Nun ist aber die Schriftsprache weder Sache des Landmanns, noch des Handwerkers, noch vieler anderer Gewerbsleute. Diese bedienen sich des Dialektes und bilden diesen derart aus, daß sie ihn zur Bezeichnung aller Verhältnisse gebrauchen können. Was Wunder, wenn das Schriftdeutsche dabei leer ausgeht und auf diese Weise verkürzt und benachteiligt wird! Ein Beispiel wird die Sache klar machen. Wenn jemand keinen rechten Appetit hat, die Speisen hin und her schiebt, umwendet und schließlich davon doch nur ganz wenig zum Munde führt, so sagt man im Frickthal: „*Er mänggelet umme dranumme.*" Deuselben Ausdruck gebraucht man dort auch vom Vieh, wenn es nicht „*gfräs*" (gefräßig) ist, was namentlich dann eintritt, wenn das Jungvieh „*schiebt*" d. h. die Vorderzähne wechselt und statt der Milchzähne „*Schûfle*" bekommt. Wer wird sich nun anheischig machen, die drei Wörter: *mänggele, schiebe, Schûfle* mit drei einfachen schriftdeutschen Ausdrücken verständlich wieder zu geben, wie es die Mundart zu thun im stande ist? Und so in hundert und hundert Fällen.

Landwirtschaft und Handwerk benennen ihre Gerätschaften und Werkzeuge, deren Teile und die damit vorzunehmenden Thätigkeiten. Alle schriftdeutschen Wörterbücher zusammen sind nicht einmal im stande die Gerätschaften und Werkzeuge, geschweige denn deren Teile u. s. w. zu bezeichnen. Oder welches sind die schriftdeutschen Ausdrücke für *Dungel, Dübel, Schübel, Leuse, Gifi, Tschope, Wäpfi, Gnäpfi, Proffe, Sór, Worb, Leuchli, böje, sóre, warbe, brüeche, zūedĕmĕ, fūndĕmĕ* u. s. w.

Wer nun aber die Unzulänglichkeit der Schriftsprache zur Bezeichnung so wichtiger Funktionen eingesehen hat, der wird keinen Augenblick mehr an der hohen Bedeutung der Mundart und ihrer Notwendigkeit zweifeln, es wäre denn, daß er alle ihre Wörter und Redensarten in die Schriftsprache aufnehmen wollte. Weil dieses aber kaum möglich sein wird, so wollen wir, bis es einmal geschehen ist, den Dialekt, statt verachten und verdrängen, zu Ehren und zu Rate ziehen. Er wird uns nach vielen Richtungen Aufschlüsse erteilen, wo das Schriftdeutsche uns im Stiche läßt.

Was nun die Wortbildungslehre insbesondere betrifft, so ist zu bemerken, daß die Mundart hierin auf gleiche, oft aber viel einfachere Weise vorgeht als die Schriftsprache. In der Zusammensetzung der Wörter stimmen beide meistens überein. Nur in betreff der untrennbar zusammengesetzten Thatwörter erleidet diese allgemeine Behauptung eine Modifikation. Die Mundart kennt nämlich die Vorsilbe *zer* gar nicht und braucht dafür stets *ver* z. B. *verbräche* (zerbrechen) *verrißje* (zerreißen), *verschnide* (zerschneiden). Ebenso setzt sie statt der Vorsilbe *er* häufig ein *ver* z. B. *verwache* statt erwachen, *verschießje* statt erschießen, *versüffe* statt ersaufen; dagegen auch *erziëh* (erziehen) und *verziëh* (verziehen) als Gegensätze. Die Vorsilben *be* und *ge* werden verschwächt in *b* und *g* z. B. *bschliëßje* (für beschließen und verschließen), *gfriëre* (gefrieren). Indessen sind die Fälle der übereinstimmenden Zusammensetzungen so reichlich, daß das Kind in dieser Beziehung einen ziemlich bedeutenden und brauchbaren Wortvorrat aus dem elterlichen Hause mitbringt. Die Schule hat sich nur desselben zu bemächtigen und auf allfällige Abweichungen in der Lautlehre aufmerksam zu machen. Etwas anders verhält es sich mit den einfachen Wörtern, namentlich den Sproßwörtern, wo eine aufmerksame Vergleichung wohl am Platze ist. Die Mundart hat nämlich zur Bildung der Sproßwörter nicht so viele Endsilben wie die Schriftsprache, und es mag daher kommen, daß die Schüler oft fehl greifen und eine solche Endung am unrechten Orte verwenden. Der Dialekt gebraucht z. B. zur Bildung der Sproßeigenschaftswörter die Endung *ig*, wo das Schriftdeutsche je nach Umständen *ig*, *icht* oder *en* und *ern* setzt. Jener sagt demnach statt holzicht *hölzig* und statt hörnern *hörnig*. Schreibt nun ein Schüler: „Ein *steinichter* Acker taugt nicht zum Getreidebau" so spricht er von einem seiner Natur nach oder an Härte steinähnlichen Acker, während es doch einen solchen gar nicht gibt, und er von einem solchen reden wollte, der viele Steine enthält, also von einem *steinigen* Acker. So ist ein bedeutender Unterschied zwischen einem hölzernen und einem holzichten Rohre, zwischen einem kindlichen und einem kindischen Sinne, zwischen einem furchtbaren *(förchtigen)* und einem furchtsamen Menschen. Für die schriftdeutsche Endung *lich*, welche eine dem damit verbundenen Dingbegriffe anhaftende Eigentümlichkeit oder Ähnlichkeit z. B. göttlich, menschlich, oder eine Wiederholung (stündlich, wöchentlich) bezeichnet, gebraucht die Mundart die Silbe *li, lig* und *lich, z. B. er hät fründli gluegt — er isch fründli gsi — ne fründlige Ma — ne fründligi Frau — nes fründlichs Chind.* Die Bildungssilbe *bar* verkürzt sich meistens in *br* z. B. *sichtb'r* (sichtbar), *dienstb'r*; doch hört man zuweilen auch das volle „*bar*" z. B. *gangbar's Münz*. Die Mundart hat überhaupt eine große Neigung zur Verkürzung und Abschleifung der Wörter, namentlich der Orts- und Personennamen. So sagt man z. B. im Freiamte statt Boswyl *Bosmel*, statt Beinwyl *Beuel*, statt Alikon *Allke*, statt Joseph Leonz *Sepplunz* etc. Die Endung *sam* (nicht samm, wie oft geschrieben wird) kommt teils vollständig *(ghorsamme und korsamme Diener)*, teils auch in der Verkürzung vor *(spars'm = sparsam)*. Mit der Silbe *sam* nimmt es die Mundart ebenfalls nicht ganz genau, worauf man die Schüler aufmerksam machen darf. Sie sagt nämlich neben *wachsamm* noch öfter *wachb'r* z. B. *das isch ne wachbere Hund*. Die Silbe **bar** (ahd. *pâri* d. h. hervorbringend z. B fruchtbar) hat aber eine ganz andere Bedeutung als die Silbe *sam*, welche eine Neigung zu etwas bezeichnet. Die Endsilbe *haft* kommt im Dialekt etwas weniger, aber in derselben Bedeutung vor wie im Schriftdeutschen, z. B. *härzhaft, boshaft, durhaft*, dagegen kaum *chärnhaft* (kernhaft), sondern dafür eher *ne chärnige Ma, Baum, Spruch*.

Anlangend die Endsilben zur Bildung der Sproßdingwörter, so werden folgende übereinstimmend gebraucht: *er, ig, ei (i), sal* und *-sel, heit, keit, tum*. Statt *in* gebraucht die Mundart *i*, z. B. *Chöchi* (Köchin) und *ene*, z. B. *Chöchene*, statt **chen** und **lein** ausschließlich nur *li*, z. B. *Hüsli* (Häuschen), statt **ling** meistens *lig*, z. B. *Findlig, Weidlig, Früehlig*, statt **ung** nur *ig*, z. B. *Hoffnig, Bewegig, Erfarig*, statt **nis** auch **nuss**, z. B. *Feisternuss*, statt *e* gewöhnlich *i*, z. B. *Liëbi;* die Silbe *schaft* wird meistens in *schft* abgeschleift, z. B. *Fründschft, Bütschft* (Petschaft), ebenso wird der Vorsilbe *Ge* und *Be* das *e* entzogen, z. B. *G'hüs* (Gehäuse), *G'wohnet* (Gewohnheit), *b'halte* (behalten).

Die Bildung der Sproßthatwörter geschieht in der Mundart und Schriftsprache auf dieselbe Weise und mit denselben Endungen z. B. *fröstele* (frösteln), *begnadige* (begnadigen), *chalbere* (kalben), *studiere* (studieren), *dunnere* (donnern), *fische* (fischen). Dabei geht die Silbe *en* oder —*n* wie gewöhnlich in ein dumpf nachtönendes *e* über. Während die Schriftsprache aber gewöhnt ist, sowohl in der Wortbildung als Wortbiegung aus den Endsilben *eln* und *ern* das zweite *e* auszuwerfen (*eln* statt *elen*), verfährt die Mundart gerade umgekehrt und sagt also *würfle* statt würfeln, *müre* statt mauern, *nagle* statt nageln; oft werden beide *e* beibehalten wie in *zimbere* (zimmern). Der Dialekt ist hier natürlicher verfahren als die Schriftsprache und hat das gewählt, was am leichtesten zu sprechen ist. Und es ist in der That auch nicht einleuchtend, warum letztere sich Gewalt anthun und das Schwerere sprechen und schreiben will, da sie doch nicht im stande ist, ihre Theorie konsequent durchzuführen; denn sie schreibt „ein edler Mann" neben „eines edeln Mannes", weil das Lautgesetz sie dazu zwingt. Warum sollte man nicht auch sagen können „eines edlen Mannes", oder „wir würflen"?

d. Das Geschlecht.

Viele Dingwörter haben in der Mundart ein anderes Geschlecht als in der Schriftsprache, was dazu beiträgt, daß Schüler und Erwachsene im schriftlichen und mündlichen Ausdrucke, indem sie sich von jener leiten lassen, gar häufig weibliche Wörter männlich oder sächlich, männliche dagegen weiblich oder sächlich und sächliche gar männlich oder weiblich gebrauchen. Um diesem Übelstande abzuhelfen, muß man einfach wieder zu der schon angeratenen Vergleichung Zuflucht nehmen. Die Mühe, die man dabei hat, ist bei weitem nicht so groß wie der Ärger, den man sich durch die Unterlassung dieser Vergleichung bereitet. Ich erlaube mir zur Erleichterung des Angeratenen auf diejenigen Fälle speziell aufmerksam zu machen, wo in unserer Gegend gefehlt wird. Man sagt im Freiamte:

das *Altar (ter)*	statt	der Altar	das *Kaffe*	statt der Kaffee
das *Äre*	„	die Ähre	das *Chies*	„ der Kies
der *Bank*	„	die Bank	der *Kräh*	„ die Krähe
das *Bére*	„	die Beere	der *Linial*	„ das Lineal
(der *Bïer*	„	das Bier)	das *Münz*	„ die Münze
das *Bleistift*	„	der Bleistift	das *Männerchor*	„ der Männerchor
der *Burscht*	„	die Borste	das *Most*	„ der Most
der *Butter*	„	die Butter	das *Ort*	„ der Ort
der *Büebli*	„	das Büblein	die *Rahme*	„ der Rahmen
der *Deichsel*	„	die Deichsel	das *Rippi*	„ die Rippe
das *Äbheu*	„	der Epheu	das *Sand*	„ der Sand
der *Fähne*	„	die Fahne	der *Schnägg*	„ die Schnecke
die *Floh*	„	der Floh	die *Schós*	„ der Schooß
der *Fërse*	„	die Ferse	der *Siegel*	„ das Siegel
die *Frösch*	„	der Frosch	das *Tänn*	„ die Tenne
das *Hung*	„	der Honig	das *Té*	„ der Thee
das *Gsang*	„	der Gesang	der *Wäde*	„ die Wade
das *Haidöchsli*	„	die Eidechse	der *Zëhe (Zéche)*	„ die Zehe

e. Die Wortbiegung.

Weniger als ein andres Gebiet hat die Mundart dasjenige der Flexion zu bearbeiten und auszugestalten gesucht. Es mag dieses daher rühren, daß der Dialekt in der Regel nicht geschrieben, sondern bloß gesprochen wird. Beim Sprechen kann man sich aber wegen der persönlichen Anwesenheit durch Mienen, Gebärden und Zeichen manches deutlich machen; auch wird beim Reden kein so strenger Maßstab angelegt; die Hauptsache dabei ist, daß man sich versteht. Um schöne Formen kümmert sich der gemeine Mann nicht. Gebraucht dagegen jemand die Mundart bei öffentlicher Rede, so verbindet er damit eine dem Schriftdeutschen entlehnte Biegung der Wörter, was zwar keinen empfehlenswerten Mischmasch abgibt.

Betrachtet man zuerst die Flexion des Thatwortes, so stößt man auf die bekannte Thatsache, daß die Mundart im Indikativ nur zwei Zeiten, die Gegenwart (praesens) und die reine Vergangenheit (perfectum) kennt; von einer Jüngstvergangenheit (imperfectum) und Längstvergangenheit (plusquamperfectum) der anzeigenden Redeweise weiß sie gar nichts, ebenso wenig in der Regel von der Zukunft (futurum) und zukünftigen Vergangenheit (futurum exactum). Am auffallendsten ist dieses der einfachen Zukunft gegenüber, wo man sich mit der Gegenwart oder noch häufiger mit dem Hilfsthatwort „*wollen*" zu helfen sucht. Statt zu sagen: „Ich werde morgen kommen", sagt man also: *I chumme morn*" oder „*I will morn cho*". Alle diese Thatsachen erschweren die Erzielung des reinen schriftdeutschen Ausdruckes und dieses gewiß um so mehr, wenn die Schüler nicht besonders darauf aufmerksam gemacht werden. Da hat man seine liebe Not, einmal ein ordentliches Futurum simplex zu erhalten; ebenso wird sich der Schüler nur schwer an den richtigen Gebrauch des Plusquamperfektes gewöhnen, und statt dessen das Perfektum oder das Imperfektum setzen, welches er sich *eher* aneignet. Indessen kommen auch da trotz der fleißigsten Übungen immer noch Verwechslungen des Präsens mit dem Imperfekt und umgekehrt vor und zwar im Aufsatze und beim Konjugieren. Ein Knabe fängt z. B. an: „Ich habe, du hast, er hat, wir *hatten*, u. s. w." Die Gegenwart und Jüngstvergangenheit der verbundenen Redeweise kennt die Mundart wohl und wendet sie sehr häufig an z. B. *Wenn er jetz nummenau* **chämti**, *se* **chönnte** *mer go.*" *(Säg, i heig (heb), i hätt, i wurd ha.)*

Es muß jedem, der den Dialekt nicht kennt, auch auffallen, daß er darin gar häufig statt „wir" ein „*mir*" und statt „ihr" ein „*dir*" zu hören bekommt, z. B. „*m'r wänd jetz go.*" Auch hierin fehlen die Schüler häufig und setzen so den dritten Fall der Einzahl des persönlichen Fürwortes statt des ersten der Mehrzahl. Im Frickthal redet man die Leute meistens mit „*Dir*" statt mit „*Ihr*" an. Es ist dies eine angenommene Bequemlichkeit oder Nachlässigkeit, die den Schülern nur durch richtige Verdeutlichung und Erklärung abgewöhnt werden kann. Bei der Frage läßt der Dialekt in der zweiten Person meistens das persönliche Fürwort weg, z. B. *Chuntsch au mittis* (kommst du auch mit uns)? Wenn man nicht besonders darauf verweist, so kann man die Erfahrung machen, daß sonst ordentlich vorbereitete Schüler in diesen Fehler verfallen und dabei das Richtige getroffen zu haben glauben. Bei denjenigen stark biegenden Thatwörtern, welche in der ersten Person der Gegenwart statt des inlautenden Wurzelvokals *i* ein *e* haben, z. B. ich steche, du stichst, setzt die Mundart nach Analogie der mittelhochdeutschen Konjugation in der ersten Person schon ein *i*, z. B. *I lis (mhd. lise, nhd. ich lese).*

Endlich schreiben viele Schüler, durch den Dialekt dazu veranlaßt, in der leidenden Form der reinen Vergangenheit „*wurden*" statt „worden", z. B. er ist geschlagen wurden wo der Frickthaler-Dialekt doch ganz richtig sagt: „*Er isch gschlage worde.*"

Bei der Biegung des Dingwortes mag es der Schriftsprache sehr hinderlich sein, daß die Mundart im männlichen Geschlechte der Einzahl den 4. Fall nicht unterscheidet, sondern dafür den Artikel des ersten Falles setzt. Dieser Fehler ist jedoch den Schülern noch leichter abzugewöhnen als der entgegengesetzte, wenn sie nämlich den vierten Fall statt des ersten gebrauchen, z. B. Ein*en* jung*en* Baum trägt noch keine Früchte, oder: Das ist ein*en* prächtig*en* Vogel. Diese Unrichtigkeit im Sprachgefühl rührt meistens daher, daß der Schüler im Bewußtsein des bezeichneten Mangels des vierten Falles vorsorgt und denselben häufig genug setzen will, wobei er dann aber ins andre Extrem verfällt. Ein analoger Fall zeigt sich in der Biegung des Thatwortes. Wenn Landleute sich nämlich bemühen, schriftdeutsch zu reden, so setzen sie gar häufig die Jüngstvergangenheit statt der Gegenwart, indem sie glauben, das sei ein wesentlicher Unterschied zwischen „*Büredütsch*" und „*Schriftdütsch*". Als mir jüngst Jemand meinen Hut reichte, sagte er dabei: „*Das war einen alten Huet, Sie mussten ein neuer kaufen.*" Es ist begreiflich, daß der Lehrer täglich Gelegenheit hat, solche Ausfprüche zu hören. Wenn er dabei aber seine Pflicht thun will, so läßt er dieselben nicht unbesprochen und unverbessert am Trommelfell vorüber sausen.

Was sodann die Biegung des Dingwortes als solche selbst betrifft, so muß man z. B. im zweiten Falle wohl unterscheiden, ob derselbe als zuschreibende Beifügung dem dadurch näher bestimmten Dingworte vorher geht oder nachfolgt. Geht er voraus, so tritt in allen Geschlechtern die eigentliche Fallbiegung ein, z. B. *s' Vatters Brüeder* (der Bruder des Vaters), *s'Muetters Schwöschter* (die Schwester der Mutter), *s'Chinds Röckli* (das Röcklein des Kindes). Auffallend ist dabei, daß die weiblichen Dingwörter in diesem Falle auch männlich *(s)* biegen; indessen gibt es auch dafür Analogien und zwar im Reindeutschen, z. B. des Nachts, oder: Mariens Kleider. Steht bei dem betreffenden Dingwort (als Beifügung und Ergänzung) irgend ein Bestimmungswort, etwa ein Fürwort, so trägt dieses ebenfalls die Biegungsendung, z. B. *Mis Brüeders Frau, miner Grosmueter d'Schwöschter; i bi mir Sach sicher*. Anders verhält es sich, wenn das Substantiv als Beifügung dem davon bestimmten Begriffsworte nachfolgt. In diesem Falle tritt nicht die eigentliche Fallbiegung, sondern eine Umschreibung mit dem Verhältniswort „*von*", ähnlich wie im Französischen, Italienischen etc. ein, z. B. *D'r Name vo euser Familli isch scho alt*. Diese Konstruktion der Mundart erschwert nun den deutschen Sprachunterricht sehr, während sie dem französischen als Vorläuferin dient. Von diesem „*von*" können sich die Schüler fast nicht trennen und opfern demselben, natürlich meistens unbewußt, den Wohllaut und die Kraft des eigentlichen zweiten Falles. Hier ist also ebenfalls wieder ein Feld des täglichen Kampfes für den Lehrer; allein ohne vorhergegangene Erklärung des Unterschiedes ist der Kampf planlos und unfruchtbar. Den dritten Fall der Einzahl bildet die Mundart durch Vorsetzung der Präposition *im* oder *em*, z. B. *I has im Chnächt gseit*. Im weiblichen Geschlechte wird dem Artikel ein „*in*" vorgesetzt, z. B. *Dr Lunzi hät's (i) dr Mueter gä*; oft bleibt das „*in*" auch weg und es steht dann einfach der Artikel. Auch die Mehrzahl einiger Dingwörter gibt Veranlassung zu Vergleichungen. Von Seil bildet der Dialekt die Mehrzahl „*die Seiler*" statt Seile und es fällt sonach diese Form mit der Mehrzahl des Handwerkernamens zusammen; statt die Hemden sagt die Mundart *d'Hämbder*, statt die Betten *d'Better*, statt die Mütter *d'Müetere* (= Müttern), statt die Töchter *d'Töchtere* (= Töchtern), statt die Arme *d'Ärm* u. s. w.

f. Konstruktion und Gedankenausdruck.

Die Mundart hat meistens auch eine eigentümliche Wortfügung und eine Ausdrucksweise der Gedanken, die in gar vielen Fällen von derjenigen der Schriftsprache abweicht. Wer nicht darauf aufmerksam gemacht wird, der konstruiert mundartlich und erzeugt ein mundartliches Schriftdeutsch, d. h. einen Mischmasch. So wenig es nämlich unsrer Sprache angemessen ist zu sagen: „Ich habe gesehen einen Vogel auf dem Dache", während ein Franzose diese Konstruktion sprachgemäß finden wird, eben so wenig ist es der deutschen Schriftsprache entsprechend, wenn ich sage: „Ich will morgen auf Zürich", oder: „Ich habe nichts können machen," während es richtiger Dialekt ist: „*I will (wott) morn uff Züri*," oder: „*I ha nüt chönne mache.*" Wie oft kann man aber heutzutage noch ähnliche schriftdeutsche Konstruktionen und Redensarten hören oder lesen? Wer trägt die Schuld daran? Nach meiner Ansicht zunächst und in erster Linie die Vernachlässigung der Sprachvergleichung.

Die Mundart liebt vor allem die Kürze des Ausdrucks. Sie verkürzt daher nicht nur einzelne Wörter, wie wir schon gesehen haben, sondern auch so viel als möglich die Sätze. Dabei kommt ihr besonders der Umstand zu statten, daß sie, die Begriffsthatwörter oft auslassend, an deren Stelle bloß die Hilfsthatwörter anwendet, indem sie es dem Zuhörer überläßt, das fehlende Begriffsthatwort zu ergänzen.

Auf diese Weise wird also der Satz: *„I will morn uff Züri"*, kürzer als die schriftdeutsche Übersetzung: „Ich werde morgen nach Zürich verreisen." Vergleiche damit die mundartlichen Redensarten: *Chuntsch? G'hörsch? Gsesch? Wohär? Wie wit? Furt! Abe! Wägg!* Ich habe schon früher darauf hingewiesen, daß der Dialekt, da er nur gesprochen werde, verschiedener Umstände wegen nicht so detailliert sich auszudrücken brauche, wie die Schriftsprache. Wenn sich aber jemand beim Schreiben jener mundartlichen Kürze stets bediente, so würde er, auch wenn das Verständnis nicht darunter leiden würde, doch dem schriftdeutschen Sprachgebrauche Gewalt anthun.

Ich erlaube mir nun zunächst einige solcher Redensarten aufzuführen, die sich der Mundart angeschlossen haben und deshalb gegen die Sprachreinheit des Schriftdeutschen verstoßen. Solche sind: Die Kirche ist **aus** — Als es **aus** war (in der Schule) — Die Mutter hat zu **Morgen** genommen — Die Gabel dient **zum** die Speisen **festzuhalten** (statt zum Festhalten der Speisen) — Ich habe den Rock **von** meinem Bruder **angelegt** — August **that** die Schuhe **ab** — **Dem** Kaminfeger **seine** Kleider sind schwarz — Die Hühner nehmen **alles** kleine Schritte — Es war wüstes Wetter, aber der Bote ging **gleich** — In Zeit **von** einer Woche ist der Kranke gesund — Fritz **geht** dem Nachbar oft **an** die Kirschen — Der Zuhörer geht **an** das Konzert — Wir wollen in die Haselnüsse gehen — Ich kann es nicht unterlassen, **ohne daß** ich dich tröste — Hast **zu** Abend gehabt — Die Kinder sitzen **an der** Schatten — Der böse Bube hat das Nest mit samt den Vögeln herunter gestopft — Er studiert Geistlich, er studiert **als** Doktor — **Für** mein Lesebuch einzubinden verlangt der Buchbinder 50 Rappen — Ein fauler Schüler kommt Arrest **über** — Wer ist neben dir **zu** gewesen — Man muß die Haustiere an eine bestimmte Zeit zum Fressen gewöhnen — Für so ein Tisch bezahlt man 16 Fr. — Unsere Tante ist so eine gute (statt eine so gute) Frau, daß — Willst du auch auf Zug hinauf — Kannst es — Magst eines *(eis)* Most — Er sagt dieses, für sich zu empfehlen — Es muß sich jedermann für die seinigen Fehler verantworten — Wo hast du die deinigen Schuhe — In Muri hatten sie (wer?) die Schlacht bei Sempach gespielt, bei welchem sich sehr viele Leute befanden — Sie können Ihnen (= sich) vorstellen — Aus welchem Grunde, daß ich nicht gekommen bin — Meine Schwester ist auf der Eisenbahn geritten — Ich konnte am Sonntag nach Luzern — Die Knaben bei Ihnen (in Ihrem Dorfe) haben gewiß auch Ferien.

Hieher gehörten nun auch noch die vielen Umschreibungen mit dem Thatwort „thun", die ebenfalls von der Mundart herrühren z. B.: Der Knecht thut arbeiten. — Thu jetzt trinken! u. s. w.

Wird nun die Frage aufgeworfen, wie solche und ähnliche Redensarten ausgemerzt werden sollen, so heißt die Antwort auch hier wieder: „Durch Sprachvergleichung." Man bespricht diese Verstöße entweder an der Hand der gesammelten unrichtigen Beispiele, oder beim mündlichen Verkehre, gerade wie sie vorkommen. — Ein vorzügliches Mittel zu solchen Vergleichungen sind sodann die mündlichen und schriftlichen Übertragungen mundartlicher Lesestücke ins Schriftdeutsche. Ich sage „Übertragungen" und nicht „Übersetzungen", weil beim Begriffe „übersetzen" gar leicht an ein wörtliches Wiedergeben gedacht werden könnte. Ein bloßes Übersetzen genügt hier nicht, sondern führt häufig zu jenem mundartlichen Schriftdeutsch, das verworfen werden muß. Wenn daher ein Schüler die letzte Strophe aus der „Sonntagsfrühe" von Hebel übersetzt und sagt: „Sie läuten wahrlich das Zeichen schon, der Pfarrer, scheint es, will zeitlich kommen. Geh, breche mir eines Auriklein ab, verwüschet mir den Staub nicht darab; und Kunigunde lege dich schnell an, du mußt darnach eine Blume haben!" — so ist eine solche Übersetzung, von jeglichem Versmaße natürlich abgesehen, nur Sprachfolterei und daher durchaus verwerflich. Die Übertragung muß **sprachgemäß** sein; ist sie es nicht, so wirken solche Übungen eher nachteilig als vorteilhaft. — Um aber nach und nach zur Besprechung aller, oder doch möglichst vieler solcher mundartlichen Redensarten zu gelangen, genügt es nicht, jährlich etwa ein oder zwei Lesestücke zu übertragen; auch sollte der Stoff, von Klasse zu Klasse fortschreitend, mehr Abwechslung und Mannigfaltigkeit darbieten, als es bei der gegenwärtigen Einrichtung unsrer Lesebücher der Fall ist. Namentlich vermißt man in denselben auch einige prosaische Lesestücke des Dialektes, die durch poetische deshalb nicht ersetzt werden können, weil sich diese des Versmaßes wegen doch da und dort der Schriftsprache nähern, ja an dieselbe oft anschließen müssen und deshalb das Idiom nicht rein darbieten können.

Was nun endlich die Wortfolge und die einzelnen Satzarten betrifft, so stimmen die Mundart und die Schriftsprache darin im allgemeinen überein. Auch jene besitzt alle Arten der einfachen Hauptsätze, der bei- und untergeordneten Sätze. Dagegen läßt sich nicht in Abrede stellen, daß es der Dialekt mehr als das Schriftdeutsche liebt, sich in Hauptsätzen auszudrücken; ebenso hält er sich weniger streng an eine bestimmte Folge der Satzglieder. In dieser Beziehung greift er, ohne lange abzuwägen, immer nach dem Nächstliegenden. Weiter auseinander gehen sodann aber beide rücksichtlich der Bindewörter, welche die Sätze, besonders die Nebensätze, einleiten, weshalb auch hier vergleichende Übungen am Platze sind. Einzelne Konjunktionen der Schriftsprache kennt die Mundart gar nicht, so z. B. beim Verhältnis der Beiordnung die paarweisen: sowohl — als auch, nicht nur — sondern auch, teils — teils; dann die einfachern: allein, gleichwohl, jedoch, dennoch, indessen, dessenungeachtet, vielmehr; deshalb, demnach, mithin. Hat man Gelegenheit, bei mundartlichen Unterredungen auch das eine oder andere dieser Bindewörter zu hören, so ist der neuere Schulunterricht, der sich mit der Einübung befaßt, daran schuldig, und es hätte der Dialekt nach dieser Seite Fortschritte gemacht. —

Weit größer sind die Abweichungen in Betreff der Einleitung der Nebensätze. Die Mundart kennt das bezügliche Fürwort: welcher, welche, welches gar nicht und übersetzt daher den Satz: „Derjenige, welcher lügt, stiehlt auch" also: „Dè *wo lirgt, stillt au!*" Ebenso verhält es sich auch mit den sogenannten Beifügesätzen z. B. Der Baum, welcher keine gute Frucht bringt, wird umgehauen (mundartlich: Dè Baum, **wo** kei guèti Frucht etc.) Die Schriftsprache gebraucht dieses Wo auch, wenn das bezügliche Fürwort orts- oder zeitbestimmend wird, z. B. Das Land, wo (in welchem) die Zitronen blühen etc. — Der Schüler ist aber geneigt, das mundartliche Wo durchweg auch in die Schriftsprache hinüber zu ziehen, und davor hat man ihn zu warnen und ihn durch Beispiele zu belehren. Welcher, welche, welches gebraucht der Dialekt bloß fragend: *wéle, wéli, wéles?*

Das genannte Wo steht sodann dialektisch auch im Umstandsatze der Zeit statt da und als, z. B. *Wo d'Sunne ufg'stande isch, se hatts daget.* Statt während und indem gebraucht die Mundart will, z. B. *Wills* (dieweil) *grägnet hätt, isch d'r Vatter hei cho,* so statt ehe und bevor auch **öbb**, z. B. *Mach, obbs zuèschneit!* Von den übrigen

Bindewörtern der Unterordnung sind in der Mundart nicht gebräuchlich: indem, nachdem, seitdem, als ob, inwiefern, falls, obwohl, auf daß und damit; dagegen werden von ihr häufig angewendet: *wènn, so lang ass, sit, so bänd ass* (so bald als), *öbb* (ehe, bevor), *biss; wië, ass* (als), *ass wènn, je no dèmm* (je nachdem), *dass, oni dass; will* (weil), *do* (da), *wènn* (bedingend), *wofèrn (wofärn)* und *wofèr* (wofern), *im Fall dass;* obscho, wènn au, wènn scho; *dass* (Zweck und Absicht).

Ich schließe für einmal diesen Abschnitt. Wohl hätte noch auf manches Einzelne aufmerksam gemacht werden können; ich erinnere bloß an die Vergleichung sämtlicher Fürwörter und Verhältniswörter. Wer mit seinen Schülern solche vornimmt, der wird sich von der Anschaulichkeit und Zweckmäßigkeit derselben leicht selbst überzeugen können. Natürlich muß die Anwendung aller solcher Vergleichungen in ganzen Sätzen geschehen, z. B.: Jenseits der Alpen liegt Italien, diesseits aber die Schweiz, mundartlich: *Uff d'r andere Site vo de Alpe isch Itali, uff der(e) Site aber d'Schwiz.* An solchen Übungen beteiligen sich die Schüler, wie ich aus Erfahrung weiß, sehr lebhaft und mit großem Interesse. Gewiß ein Haupthebel zur Befruchtung des Unterrichtes!

Wunsch: Möge das Angeregte mit der guten Absicht, in der es geschrieben worden ist, auch aufgenommen werden und alsdann, während es auf der einen Seite auf Erhaltung des schweiz. Idioms abzielt, auf der andern Seite auch zur gedeihlichen Sprachbildung unserer Jugend beitragen!

Die deutsche Rechtschreibung.

Als ich jüngst in der Offenbarung Johannis die Stelle las: „Ich stand am sandigen Ufer des Meeres und sah aus dem Meere ein Tier aufsteigen mit sieben Köpfen und zehn Hörnern", so dachte ich bei mir: Das ist unsere deutsche Rechtschreibung, oder vielmehr die Konfusion in derselben. Und in der That, das Bild paßt dafür vorzüglich und hat mich hauptsächlich deshalb so sehr angesprochen, weil darin nicht nur von Köpfen, sondern auch von Hörnern die Rede ist. Nur schade, daß es nicht noch heißt, jeder Kopf habe auch seinen Zopf. Unsere Orthographie ist vielköpfig, dickzöpfig und stößig. Und würde nicht ein gewissenhafter Schulmeister, der seit Jahren den roten Schnäpper an die schwarzen Böcke angesetzt und diesen pflichteifrig die Ader geschlagen hat, am Ende seiner Danaiden-Arbeit noch hinzusetzen: „Die gegenwärtige deutsche Rechtschreibung war bis jetzt die Vorhölle meines Schullebens." Doch tröste dich, armer Mann, mit den Worten des Glaubensbekenntnisses: „Abgestiegen zu der Hölle und am dritten Tage wieder auferstanden von den Toten": denn auch dein Erlöser wird kommen und als ein neuer Herkules den mehrköpfigen Cerberus aus der Hölle heraufholen. Er wird dabei zwar von links und rechts gestoßen werden, und der Höllenhund wird ihn anbellen; allein er wird unentwegt seinen glorreichen Weg fortsetzen und nach vollendetem Kampfe als Siegespreis den hellen Stern einer neuen, einfachern und gemeinverständlichen Orthographie am deutschen Sprachfirmamente anzünden.

Schon im Jahre 1863 hat uns eine vom schweizerischen Lehrerverein aufgestellte Fünferkommission zu dem Zwecke, in unsern Schulen und Schulbüchern zu einer orthographischen Einheit zu gelangen, eine neue schweizerische Rechtschreibungsverfassung mit 86 Paragraphen und einem Anhange gegeben. Damit hat sie dem vielköpfigen Sprachgetiere einen Zaum anlegen wollen. Allein der Zaum war in seiner Art zu eng, um alle Köpfe in denselben zu fangen, und zu altmodisch, um sich die Sympathien der, nach entschiedener Verbesserung Verlangenden erwerben zu können. Das Büchlein erstrebte nach seinen eigenen Worten nur die längst gewünschte Einheit, aber keine Vereinfachung, weil die Kommission eingreifende Neuerungen nicht für ratsam hielt, „da sich dieselben kaum einer allgemeinen Anerkennung und Anwendung zu erfreuen haben würden." Die Anstrengung war eine vergebliche; die Erfolge glichen dem Mute des Unternehmens. Ganz neue Büchlein sind nachher auch von anderer Seite wieder erschienen, aber meistens auf dem alten Standpunkte abstellend, und nur insofern variierend, als der bezügliche Verfasser etwa mehr das Feld der Sprachgeschichte oder dasjenige der Gewohnheit zu bebauen pflegte. Jeder Orthographie-Regelfabrikant wollte etwas leisten. Dieses Bestreben verdient unsern Dank. Allein jeder ging an der Hauptsache, der Vereinfachung, vorüber.

In entschiedener Weise wurde mittlerweile aber eine solche Vereinfachung von Prof. Rochholz in Aarau in seinen Briefen über die Rechtschreibung angebahnt. Allein es scheint, daß dessen Vorschläge zu wenig allgemeine Verbreitung fanden; auch war damals (1864), nachdem bloß ein Jahr vorher durch die Kommission des schweiz. Lehrervereins die altherkömmliche Orthographie wieder inauguriert und das bezügliche Büchlein fast von allen deutsch-schweizerischen Schulbehörden sanktioniert worden war, noch zu wenig Empfänglichkeit für eine durchgreifende Veränderung und Verbesserung vorhanden. Sodann mögen die Vorschläge von Rochholz Vielen auch deshalb nicht ganz gemundet haben, weil sie durchweg auf sprachgeschichtlichem Boden standen und zu kompliziert erschienen. Ein entschiedener Erfolg war damals jedenfalls nicht vorauszusehen, und wir Andern, die wir mit Dankbarkeit hätten zugreifen sollen, wir waren dafür noch nicht warm genug, ja vielleicht in der That noch zu gleichgültig.

Allein die Sache ist nun einmal angeregt und die Losung nach Vereinfachung ertönt immer noch. Man begnügt sich nicht mehr damit, eine bloß **einheitliche** Orthographie zu bekommen, sondern man wünscht zugleich auch eine Erleichterung, ein Loswerden der alten Lehrer- und Schülerplage, mit einem Worte eine durchgreifende **Vereinfachung.***

Natürlicher Weise könnte die kleine Schweiz in einer so allgemeinen Angelegenheit auf eigene Rechnung und für sich allein nicht vorgehen. Eine gegenseitige Einigung und Verständigung **aller Deutschschreibenden** müßte erstrebt werden. Eine solche würde aber um so eher auf Verwirklichung rechnen können, als die von hüben und drüben bis jetzt bekannt gewordenen Ansichten in der Hauptsache mit einander übereinstimmen und nur in untergeordneten Punkten differieren.

Nach dieser kurzen Betrachtung erlaube ich mir, in dieser Angelegenheit auch **meine** Ansicht auszusprechen. Ich weiß zwar ganz wohl, daß wir, je weiter die Meinungen auseinander gehen, um desto schwieriger zu einem einheitlichen Ziele gelangen werden. Allein ich beabsichtige nicht etwa Verwirrung in diese Materie zu bringen; sondern weil

---

* Eine kleine Vereinfachung (Abschlagszahlung) hat uns im Aargau endlich im Jahre 1892 die Annahme der „großdeutschen" Rechtschreibung gebracht.

die Diskussion doch frei geführt werden muß und bis jetzt noch nicht geschlossen ist, so möchte ich es versuchen, die Frage der Rechtschreibung auch noch von einem andern Gesichtspunkte aus aufzufassen. Die bisherigen Reformer richteten ihre Vorschläge nach verschiedenen Ausgangspunkten und Prinzipien, z. B. nach dem historisch-etymologischen, nach dem phonetischen, ja sogar nach dem Prinzip der Bequemlichkeit. Es wird also nur zweckmäßig sein, wenn bei Erörterung dieser Frage auch noch ein anderer, gewiß sehr wichtiger Faktor in Berechnung gezogen wird, und dieser wäre nach meiner Ansicht das praktische Bedürfnis. A priori wird sich die deutsche Rechtschreibung nicht konstruieren lassen, sonst hätten wir auf diesem Boden schon längst bessere Resultate erreicht. Es wird sich hierin auch nicht alles auf einmal machen lassen und wir dürfen zufrieden sein, wenn der nach besserm Ziele führende Orthographiewagen nur im Schritte, aber sicher befördert wird. Allzu lebhafte Heizung könnte den Wagen leicht umwerfen. Also das Bedürfnis wollen wir fragen, die übrigen Prinzipien dabei aber nicht aus den Augen verlieren. Wo eine Änderung nicht absolut geboten und gerechtfertigt erscheint, soll sie unterbleiben, um unnötigen Anstoß zu vermeiden.

Wo wird sich aber unser diesfälliges Bedürfnis am sichersten zeigen? Gewiß nicht bei den Gelehrten und Gebildeten, denn diese haben sich durch langjährige, mühsame, ja oft qualvolle Übungen in eine Orthographie hinein gefunden, wenn auch in keine einheitliche. Gar vielen derselben scheint es im allgemeinen wenig an einer bezüglichen Änderung zu liegen. Was sie selbst haben erarbeiten müssen, das zu erwerben, mögen sie mit wahrer Nächstenliebe auch andern gönnen. Nur auf diese Weise lassen sich die vielen Angriffe erklären, welche gegen eine

Vereinfachung der deutschen Rechtschreibung in öffentlichen Blättern oft gemacht werden. Für die fragliche Bestrebung haben solche Leute keine Worte der Anerkennung. Sie sagen nicht, wie man es machen könnte und sollte, daß es ihnen auch gefiele, sondern ihr ganzes Sinnen und Trachten geht nur dahin, die ganze Angelegenheit lächerlich zu machen. Allerdings gibt es im Gelehrtenstande in dieser Beziehung auch rühmliche Ausnahmen, die sich nicht scheuen, mit Nachdruck hervorzutreten und jenes Lächeln auf seinen wahren Wert zurückzuführen.

Um das genannte Bedürfnis kennen zu lernen, habe ich mich seit Jahren in der Schulstube bei Erteilung des deutschen Sprachunterrichtes umgesehen. Wer jährlich seine 5000 Seiten von Schüleraufsätzen anröteln muß, der dürfte, die diesfälligen Gebrechen kennen zu lernen, wohl Gelegenheit haben. Um aber in meinen Voraussetzungen ganz sicher zu gehen und mit mathematischer Bestimmtheit auftreten zu können, habe ich alle Orthographiefehler gezählt und rubriziert, welche zwölf, in der Fehlerfabrikation vorzüglich begabte Schüler und Schülerinnen in sämtlichen, während des Schuljahres 1870/71 angefertigten Aufsätzen gemacht haben. Ich erlaube mir, davon eine nach Prozenten berechnete Übersicht folgen zu lassen. Die Fehler betragen:

Beim h der Dehnung	9,9 %
Bei der Schreibung der großen Anfangsbuchstaben	9,8 %
Wegen Verwechslung von d unt t	8,6 %
Beim e der Dehnung (ie)	7,4 %
Wegen Verwechslung von n und nn (hauptsächlich den und denn)	7,0 %
Wegen Verwechslung von s, ss und ß (*im* Worte)	5,8 %
„ Flüchtigkeit (Auslassung von Buchstaben)	5,7 %

Wegen Verwechslung von			e und ä	4,5 %
„	„	„	m und mm	4,5 %
„	„	„	s und ß (am Ende)	3,9 %
„	„	„	l und ll	3,8 %
„	„	„	z und tz	3,7 %
„	„	„	k und ck	3,5 %
Bei th				2,7 %
Wegen Verwechslung von			t und tt	2,7 %
„	„	„	v und f	2,6 %
„	„	„	r und rr	1,9 %
„	„	„	b und p	1,4 %
„	„	„	f und ff	1,3 %
Bei dt				1,3 %
Wegen Verwechslung von			st und ft, ßt und st	1,3 %
„	„	„	Buchstaben, z. B. i mit e	0,9 %
„	„	„	scht und st	0,7 %
„	„	„	ts und z	0,7 %
Bei h als eigentlichem Konsonanten				0,6 %
Wegen Verwechslung von			s und ſ (am Ende)	0,6 %
„	„	„	p und pp	0,4 %
„	Umstellung von Buchstaben			0,4 %
„	Verwechslung von		ai und ei	0,4 %
Bei aa, ee und oo				0,3 %
„ ph				0,1 %
„ q (qu)				0,1 %
Wegen Verwechslung von x, gs und chs				0,1 %
Bei y, c und z, ti (Nation)				0,0 %

h* (9,9 %).

Nach dieser Zusammenstellung ist das h der Dehnung der orthographische Hauptsünder. Es ist auch ein

---

* Bei der Behandlung der einzelnen Buchstaben werde ich die nach dem Prozent sich ergebende Abfolge einhalten.

nutzloser Eindringling in die Sprache und verdient aus diesen beiden Gründen so bald als möglich wieder hinausgeworfen zu werden. Aber um des Ungerechten willen auch den Gerechten leiden lassen, das scheint mir kein billiges Verfahren. Es gibt nämlich noch ein anderes h, welches gesprochen wird und ein eigentlicher Konsonant ist so gut als k, l, m, u. s. w. Mit dem gleichen Rechte könnte man also auch diese letztern Lautzeichen aus der Sprache hinaus bugsieren, denn sie und fast alle andern geben zu Orthographiefehlern Veranlassung. Würde die Sprache dadurch aber gewinnen? Keineswegs. **Eine Sprache ist um so schöner und schätzenswerter, je mannigfaltiger und reichhaltiger sie in ihren Formen ist.** Allerdings wird dadurch die Erlernung etwas erschwert; allein wozu wären sonst die Schulen da? Die anzustrebende Vereinfachung der Rechtschreibung darf der Sprache keine Gewalt anthun, darf dieselbe nicht schädigen und um eine wesentliche Mannigfaltigkeit bringen.

Das h der **Dehnung** kann aber **ohne** Schädigung der Sprache wegfallen, weil es in derselben als Laut ganz unwesentlich ist und nur die Schreibung erschwert. Dagegen das h am Anfange der Wörter und das eigentliche in- und auslautende h muß bleiben; es ist ein chafter Buchstab und Lautbürger. Und wenn Götzinger behauptet, das in- und auslautende h werde nie gesprochen, so hat er entschieden Unrecht. Allerdings kann man sich Gewalt anthun und, indem man gegen den Wohllaut sündigt, sprechen: „se-en" statt „se-hen"; allein ein wichtiger Grundsatz in der Sprachlehre heißt: **„Schreibe, wie du richtig sprichst!"** Es ist aber auch nicht notwendig, dieses h in Anbetracht des bloßen Utilitätsprinzipes der Schreibung ab- und auszuwerfen, denn dagegen wird auch höchst selten gefehlt. Wir haben solcher Fehler bloß 0,6 % gefunden.

Aber wo die Grenze ziehen? wird man mir einwenden. Wie soll man es dem Kinde begreiflich machen, daß in dem und dem Worte ein h stehe, in einem andern aber nicht? Die Schwierigkeit ist hierin nicht so groß, als man sich vorstellen möchte. Wenn einmal alle Dehnungs-h weggefallen sind, so wird die Sache schon viel einfacher. Aber wie kennt man diese? Sehr leicht. Man stelle die Regel auf: „Vor den flüssigen Leiselauten (semivocales) l, m, n und r schreibe kein h!" Dadurch fallen die unnötigen h der Dehnung alle weg, und wenn auf diese Weise auch noch ein paar sprachgeschichtliche, wie z. B. in befehlen, Gemahl, Stahl in den Kauf gehen, so sind es derselben höchstens etwa 15 und zwar lauter solche, die niemals hörbar werden können. Sodann lehre man die Kinder richtig sprechen: zie-hen und nicht zie-en, ge-hen und nicht ge-en, flie-hen und nicht flie-en etc. Mit dem Ohr wird sich auch das Auge und die Hand an diese h gewöhnen. Diese Angewöhnung ist aber um so leichter, als wir es mit wenigern Formen zu thun haben. Was die Angewöhnung bisher bezüglich der Schreibung von aa, ee und oo zu leisten vermochte, wogegen verhältnismäßig wenig (0,3 %) gefehlt wird, das wird sie auch gegenüber dem lautenden h zu leisten instande sein. Endlich kommt uns hiebei die Lehre von der Wortbildung noch zu Hilfe, und es wird nichts schaden, wenn die vorgerücktern Schüler auch damit etwas bekannt gemacht werden. Man sage denselben, das h sei nahe verwandt mit ch und sei schon in frühern Zeiten (ahd. *hoh* für mhd. *hoch*, ahd. *sih* für mhd. *sich* = sieh = vide!), sowie jetzt noch in der Mundart (*Höche* statt Höhe, *höcher* [höher], *noch* und *näch* [nahe]) und in der Schriftsprache (hoch und höher) vielfach in ein solches übergegangen. Man schreibe daher jede Verbalform mit h, wo in den davon abgeleiteten Stamm- und Sproßwörtern in der Mundart oder Schriftsprache ein ch auftritt, z. B. sehen (Gesicht), ziehen (Zucht, mundartlich oft *züch* = ziehe!), fliehen (Flucht, fleuch!), also auch der Floh, geschehen (Geschichte), nahen und Nähe (von nahe, mundartlich *noch, noche* z. B. *s' Wätter nochet, Nöchi*, z. B. *i dr Nöchi aluege*), schmähen (Schmach), weihen (mundartlich *wiche* und *gwiche*). Daß man in der Verbalform nur dann ein h setzen soll, wenn es zwischen zwei Vokale zu stehen kommt und eine Endung darauf folgt, es dagegen auslassen müsse, sobald bei der Biegung die Endung wegfällt, z. B. du g e s t statt du g e h s t, f r o statt f r o h, aber wieder f r o h e und f r o h e r, das ist eine sehr graue Theorie und bringt eher Verwirrung als die erstrebte Einheit in die Sache. Wo das in- und auslautende h einmal steht und gerechtfertigt ist, da lasse es die Wortbiegung, wenn kein wirklicher Grund zur Änderung vorhanden ist, ungestört, und die Wortbildung nehme darauf Rücksicht. So wird sich dann auch der Schüler leichter zu helfen wissen. Hier muß ein einheitliches Verfahren eingehalten werden.

Nach dieser kurzen Abschweifung komme ich nun noch auf andere Formen, die ebenfalls ein inlautendes h haben, das in der Mundart in ch übergeht: Schlehe *(Schleche)*, zähe *(zäch* und *zäi)*, Vieh (neben *Vee* auch *Vech* und *Vich)*.

Mehrere Verbalformen mit inlautendem h besitzen in unserer Mundart ein j und sind also daran ebenfalls wieder leicht zu erkennen, z. B. blähen *(bläije),** brühen *(brüeje)*, blühen *(blüeje)*, bähen *(bäije)*, drehen *(dräije)*, gedeihen *(gedeije)*, glühen *(glüeje)*, krähen *(chräije)*, mähen *(mäije)*, nähen *(näije)*, ruhen *(ruije)*, wehen *(wäije)*, Krähe *(Chraije)*, Mühe *(Müeje)*, Reiher *(Räigel)*. Nur noch folgende Formen,

---

* säen heißt in der Mundart *säije* und sollte daher sein h erst noch erhalten, ebenso scheuen *(schüche)*.

wo das h sich teils noch erklären läßt, teils aber auch etymologisch weniger gerechtfertigt erscheint, aber nichts desto weniger hörbar ist, oder es durch die Biegung doch werden kann, hätte der Schüler seinem Gedächnis einzuprägen: Ehe und ehe *(ewa* und *e)*, fähig *(vahen* und *fahn)*, flehen *(vlegen)*, spähen *(spähen)*, Kuh *(plur. küege)*, Schuh *(schuoch)*, Stroh (mundartlich *Strauw*), früh (mundartlich oft *früecher*), lehen *(mhd. lechen*, mundartlich oft das *Leche* und *Lüche)*; drohen, gehen, stehen, sprühen, froh, loh. So viele Wörter sind mit dem Gedächtnis leicht zu bewältigen.

Das h nach dem t (th) fällt überall aus; denn es läßt sich mit Ausnahme desjenigen einiger Eigennamen nach keinem Prinzipe verteidigen. Man schreibe also Tal, wert u. s. w. Wo ein h auf willkürliche Weise bis jetzt nach dem t gesetzt wurde, wie z. B. in Blüthe, muß dasselbe der Konsequenz wegen vor das t gesetzt werden oder ebenfalls ausfallen. Man schreibe also die Verbalform „blühte" und das Substantiv „Blühte" gleich, wie man von drehen auch „Draht" setzt, oder einfacher Blüte und Drat.

Daß man in Zukunft das h nach R auslassen und also Rone statt Rhone schreiben wird, versteht sich von selbst.

Die grossen Anfangsbuchstaben (9,8 %).

Die Zahl der wegen Auslassung oder unrichtiger Setzung der großen Anfangsbuchstaben entstehenden Schreibfehler steigt auf 9,8%. Setzt man sie nur zu Anfang der Sätze, Verse und Eigennamen, so geht dieses Quantum Böcke verloren, und wir rücken der Praxis aller übrigen Sprachen näher. Wenn ein Wort das Recht hätte, die große Generalsuniform zu tragen, so wäre es gewiß nicht das Substantiv, sondern das viel wichtigere Verb. Allein solches ist gar nicht notwendig. Was man erzwecken wollte, wird mit diesem äußer-

lichen Glorienscheine doch nicht erreicht: die Unterscheidung
hafte in der Erkenntnis der Begriffe! Für diese aber muß
der Anschauungsunterricht vorarbeiten. Einige Gelehrte
schlagen für den Fall der Weglassung der Majuskeln die
lateinische Druck- und Schreibschrift vor. Ich wäre aus
mehrfachen Gründen auch dafür. Allein da begegnen wir
einem Kampfe, der unserer ganzen Bestrebung eher hinderlich als förderlich sein dürfte. Nicht nur die mit deutschen
Lettern wohl assortierten Buchdrucker, sondern auch das
Volk im allgemeinen würde wegen Verletzung des Nationalis-
mus uns entgegen stehen. Warum sollte man aber nicht
auch mit den deutschen Buchstaben die Substantiva klein
anfangen können. Das Auge hätte sich bald daran gewöhnt;
Gewohnheit aber überwindet alles.

d und t (8,6 %).

Unter allen sogenannten stummen Konsonanten *(mutae)*
bietet die Schreibung von d und t dem Schüler am meisten
Schwierigkeiten dar. Wegen Verwechslung von d und t
(ohne th und dt) steigt die Fehlerzahl auf 8,6 %, während
sie bei b und p bloß 1,4 % beträgt und bei den K-Lauten
ihrer Lautverschiedenheit wegen (k, g und ch) kaum in
Betracht kommt. Wohl wäre es wünschenswert, daß diese
drittgrößte Lehrerplage auch beseitigt werden könnte. Allein
wie soll man es beginnen, ohne der Sprache ein Leid zu-
zufügen? Was das Kind beim Schreiben dieser Buchstaben
gar vielfach irre macht, ist hauptsächlich die Abweichung
der Ausſprache in der Mundart, die gewohnheitsmäßig auch
auf die Ausſprache im Schriftdeutschen übergeht. Man
spricht: das Gelt (wie Welt), die Magt, Jagt, der Bunt,
Gedult und schreibt: Geld, Magd, Jagd, Bund, Geduld u. s. w.
Ja wir sprechen „töden" und zeichnen in das Wort eine
doppelt knallende Repetierpatrone dt. — Was nun aber

machen? Etwa für sämtliche T-Laute und P-Laute je nur ein gemeinschaftliches Lautzeichen einführen? Das wäre natürlich sehr einfach, aber ein rein unzulässiger Barbarismus. Daß das th wegfallen müsse, wurde früher schon gesagt. Dem dt aber möchte ich auch das Todesurteil sprechen, aber dafür nicht immer und ausschließlich ein t oder tt setzen, sondern die Schreibung mit der Ausfprache in Einklang bringen. Man schreibe gesant (gesandt), gewant, Statt (Stadt), tot (mundartlich zwar *dod* und *tot*, z. B. *nes dods Chind* neben *ne tote Mā* und *ne totne Mā*), dagegen töden (z. B. *si händ [hai] ne wölle töde*), sonst wird das Kind der (meistens so lautenden) Ausfprache wegen wieder irre geführt.

Aber der Hauptpunkt ist noch nicht erledigt: immer haben wir die d und t mit ihren 8,6 % Fehlern noch. Wie, wenn man den Rat erteilte, abweichend von der jetzigen Schreibweise d und t so zu setzen, wie das Bedürfnis der Ausfprache es erheischte? So würden sich die Fehler auf ein Minimum reduzieren; allein es würde dadurch auch gleichzeitig die Spracheinheit aufgehoben werden und statt einer übereinstimmenden, würden so vielerlei Orthographien sich geltend machen, als Mundarten vorhanden sind, weil jede von diesen in der Ausfprache der Wörter ihre eigenen Wege geht. Es ist demnach zweckmäßiger, den umgekehrten Weg zu gehen und die Ausfprache nach der jetzt üblichen Schreibweise zu richten. Jedenfalls ist eine derartige, fortgesetzte Übung mit Mühe verbunden und nimmt die Aufmerksamkeit des Lehrers allseitig in Anspruch; allein sie ist das einzige Mittel, um hier zu einem bessern Ziele zu gelangen. Ich möchte diese Sorgfalt vor allen den Primarlehrern der untern Volksfchulklassen ans Herz legen.

ie (7,4 %).

Das i, welches jetzt durch ein nachfolgendes e gedehnt wird, ist im Deutschen ein zweifaches: ein langes, hohes, mit der äußerst möglichen Verkürzung des Ansatzrohres gesprochenes i und ein tieferes und dumpf klingendes. Man vergleiche das i in fiel, die und sie mit demjenigen in will, mir und wieder (eigentlich wider). Diese jetzt noch übliche Unterscheidung hat einen sprachgeschichtlichen Wert. Das hohe i entstand aus dem mittelhochdeutschen Diphthong *ie*, wobei das *e* hervorging aus *a*, *o* und *u* (*hielt* aus ahd. *hialt*, *stiez* aus *stioz* und *lief* aus *liuf*). Dies e ist also etymologisch berechtigt und tritt jetzt noch hervor in unserer Mundart, wo es ganz hörbar gesprochen wird. Man sagt in der Mundart nicht Brif, Lid, Spigel, sondern *Bri-ef*, *Li-ed*, *Spi-e-gel*. Allerdings werden i und e dabei nicht derart getrennt, daß sie zweisilbig werden, wie ich es hier darzustellen genötigt war, aber doch immer so, daß das e dem i hörbar nachklingt. So lange nun aber dieses e nach dem, der Aussprache nach so leicht erkennbaren i noch lebendig ist, und wäre dies auch nur in der nicht zu verachtenden Mundart, so lange haben wir kein Recht, dasselbe aus der Sprache zu beseitigen und dessen Austilgung mit einer bloßen Bequemlichkeit zu entschuldigen. Für ABC-Schützen und ungeübte Ohren dürfte die Unterscheidung des hohen und des dumpfen, mehr nach e gezogenen i allerdings etwelche Schwierigkeiten bieten, allein für vorgerücktere Schüler ist sie leicht zu machen. Man gebe demnach die Regel: „Nach hohem i (z. B. in die) setze ein e, nach dem tieftonigen i (z. B. in mir) kein solches." Mit dieser ganz allgemeinen Regel reicht man vollständig aus, und die Fälle, wo auf diese Weise ein sprachgeschichtlich unberechtigtes e in ein Wort käme, können wegen ihrer kleinen Zahl kaum in Betracht fallen. Dagegen hätten wir die Genugthuung, daß das Wort Licht (ahd. *leoht*, mundartlich *Liecht*) und einige andere Formen, z. B. fing, ging, hing wieder zu ihrem vollen Rechte gelangten und fürder Liecht, fieng, gieng, hieng geschrieben würden. Nach Rochholz heißen die *ie*-berechtigten Formen also: biegen,* Bier, Biest (erste Milch), bieten, blies, Brief, briet, die, Dieb, dienen. Dietlieb, Dietrich, Diethelm, Dietmar, Dienstag, verdrießen, Fieber, fiel, fieng, vier, Flieder, fliegen, fliehen, fließen, Flieten (Aderlaßeisen), frieren, gieng, gießen, Griebe, Grieche, Gries, hieb, Hiefhorn, Hiefe (Hagebutte), hieng, hielt, hier, hieß, (irgend, nirgend und Kiefer würden als mit tieftonigem *i* hier ausfallen, so auch mundartlich *Chifel)*, Kienholz, kiesen (auswählen), Knie, Krieg, lieb, Liecht, Lied, liederlich, lief, (*liegen* = lügen, mhd. *liegen*) (liegen *[jacere]*, mundartlich *ligge*, gehört nicht hieher), verlieren, ließ, Mieder, Miete, nie und niemand, niedlich, Niere, erniesen, nieten, genießen, Pfrieme, Priester, riechen, Ried, rief, Riemen, Riester (Streichbrett), riet, schieben, schied, schier, schießen, schlief, schliefen (schlüpfen), schließen, schmiegen, sie, sich, sieden, Spiegel, Spieß, sprießen, stieben, Stief-, Stier, stieß, Strieme tief, (Tiegel fällt aus), Tier, triefen, triegen (Trier, Triest und Trient = zweisilbig, also nicht hieher gehörend), vier, Vlies, wie, Wien, Zieche (zum Bett), Ziegel, ziehen, zierlich. Dazu kämen der schriftdeutschen Sprache nach nun noch: siehst, sieht und sieh (von sehen), Vieh, viel (mundartlich *vill)*, Wiege (mhd. auch wiege) und Ziege. Diese haben das hohe i meistens unmotiviert und es könnte das e nach demselben daher aus diesen Wörtern weggelassen werden. Begründet ist das ie überdies noch in der romanischen Infinitivendung *ieren* z. B. regieren, marschieren, sodann in den Substantiven: Klavier, Papier, Regierung, Panier, sowie am Ende der Fremdwörter auf *ie* (zweisilbig), z. B. Familie, Phantasie u. s. w. In allen übrigen Formen z. B. bieder, Friede, wieder, wo ein tieftoniges *i* klingt, sollte das e weggelassen werden.

---

* Man spreche diese Wörter schriftdeutsch (langes *i*) und mundartlich (*ie*) und überzeuge sich dadurch von der Richtigkeit meiner Behauptung!

n und nn (7 %)
und die Verdoppelung der Konsonanten überhaupt.

Die Schreibfehlerzahl, welche wegen der Verdoppelung der Konsonanten entsteht, ist durchweg bedeutend und steigt von 0,4 % (bei p und pp) bis auf 7 % (bei n und nn), alles nach Verhältnis des häufigern oder minder häufigen Gebrauches der bezüglichen Buchstaben. Den Hauptgrund für diese Fehler haben wir, wie bei d und t, in der Aussprache des Dialektes zu suchen. Wir sprechen dialektisch: der „Bott", das „Gebätt", der „Vatter", das „Schif" (Freiamt), und schreiben: der Bote, das Gebet, der Vater, das Schiff. Diese Orthographiefehler würden aufhören, wenn wir entweder schreiben würden, wie wir im gewöhnlichen Leben sprechen, oder wenn man von der Verdoppelung der Konsonanten einfach absehen würde. Allein weder das eine, noch das andere ist zulässig. Wir dürfen nicht schreiben, wie wir im Dialekte sprechen, sonst hört, wie früher schon bemerkt wurde, die Einheit der Schriftsprache auf. Ebenso kann die Verdoppelung der Konsonanten nicht aufhören, so lange die nachfolgenden Konsonanten noch die Bestimmung haben, die Quantität der inlautenden Vokale anzugeben. Die Doppelvokale, das h und das e der Dehnung können wir entbehren, ohne daß der Sprache Eintrag geschicht. Würden wir aber die Doppelkonsonanten wegwerfen wollen, so müßte die Qantität des Inlautes durch die Accente bezeichnet werden, was noch komplizierter und in ästhetischer Beziehung keineswegs schöner wäre. Alles Fehlermachen wird man in Gottes Namen nicht verhindern können.

Wenn aber die meisten diesfälligen Schreibfehler an gewissen Formen haften; wenn nach meiner Berechnung z. B. von den 7 % der Fehler, welche auf die Schreibung von n und nn kommen, 4,3 % allein dem Artikel „den" und dem Bindewort „denn" zur Last geschrieben werden müssen:

dürfte man da nicht eine spezielle Änderung eintreten lassen? Unter allen Wörtern werden am häufigsten in der Schreibweise verwechselt: *den* und *denn*, *Mann* und *man*, *in* und *ihn*, *im* und *ihm*, *daß* und *das*, *deß* und *des*. Und mit diesen Fehlern steht es, wie der Bauer von den Disteln behauptet: „Wenn man sie nicht gänzlich ausreißt, sondern nur abschneidet, so wachsen aus dem gleichen Strunke wieder 10 andere heraus." Mit Wegwerfung des h der Dehnung wird dieses Übel bei „in" und „ihn", „im" und „ihm" aufhören. Was hindert uns, daß wir es auch bei den andern acht Formen und vielleicht auch noch bei fernern, in dieser Beziehung anrüchigen Wörtern dadurch beseitigen, daß wir sie **gleich** schreiben?

Was sodann insbesondere die Schreibung von tz und ck betrifft, so müßten wir, um konsequent zu bleiben, dieselbe beibehalten. Wir haben die Verdoppelung der Konsonanten acceptiert, weil wir dadurch die Quantität des inlautenden Vokals anzeigen müssen. Was wir an einem Orte thun, dürfen wir am andern nicht lassen. **Sprachgeschichtlich** hat aber nur das ck seine Berechtigung. Das tz steht nämlich, wo es in der ältern Sprache in- und auslautend vorkommt, nicht für zz, sondern nur zur Bezeichnung des einfachen Z-Lautes. Es kann das t vor z also wegfallen und zwar um so mehr, da dieses selbst schon ein Doppellaut (ts) ist. Rochholz zitiert hier den Ausſpruch Klopstocks mit überzeugendem Rechte: „Wer kann denn settsest oder gar settstest ausſprechen?" Daß tz früher wirklich nicht der Vokalquantität wegen stand, zeigt sich schon daran, daß es auch nach Konsonanten geschrieben wurde, z. B. Holtz, Hertz.* Also ein einfaches z (jezt) und damit schon wieder 3,7 % Fehler weniger! Aber bringt uns das

---

* Siehe Bertholds († 1272) deutsche Predigten u. a. m.

ck nicht auch seine 3,5 % Schreibsünden? Allerdings. Allein das ist alles, was wir ihm vorwerfen können. Schon im Wörterbuch des hl. Gallus ist *ager* mit *accar* (Acker), *pontes* mit *prucge* (Brücken) übersetzt, und dieses ck hat sich nach kurzen Vokalen forterhalten und ist auf diese Weise bis auf den heutigen Tag so gut organisch zu nennen als tt und pp. Wir müssen es also auch wie diese beibehalten. Die paar Formen, bei denen etwa Schwankungen eintreten könnten und wirklich auch eintreten (erschrak, Haken, Ekel, blöken, Schmöker, schäkern), lassen sich leicht merken. Der Vokal vor k ist hier überdies durchweg lang.

f, s, ff und ß (f, s, ff und ß), 5,8 + 3,9 = 9,7 %.

Die Verwechslung dieser Buchstaben gibt zu einer sehr bedeutenden Fehlermasse Veranlassung. Dem f, ff und ß fallen 5,8 und dem s (Ringel-s [s]) und ß (ß) (am Schlusse) 3,9, allen zusammen also 9,7 % derselben zu. Da muß nach meiner Meinung entschieden eine Änderung eintreten. Wozu sollen wir für den einfachen S-Laut zwei Zeichen (f und s) haben? Diese Mannigfaltigkeit dient der Sprache als solcher gar nichts. Wenn die deutsche Druckschrift aus ästhetischen Gründen am Schlusse der Wörter ein anderes f machen will als am Anfang und in der Mitte, so mag sie es thun; beim Schreiben aber sollte nur ein Zeichen gebraucht werden. Ich schlage dafür das bisherige Schluß- oder Ringel-s vor, welches wir auch jetzt schon in einigen Wörtern verwenden (Verwechslung).

Wenn wir sodann unser ff ganz fahren lassen und dafür, wie bei uns die meisten Elementarschulen jetzt schon thun, überall ein ß einführen, so gewinnen wir an Einfachheit und sprachgeschichtlicher Richtigkeit mehr, als wir bei der jetzigen Unterscheidung zwischen ff und ß einbüßen. Nur ganz wenige und dazu erst noch meistens selten vorkommende

Wörter zeigen nach ihrer Abstammung ein ſſ, alle übrigen weisen auf ein ß hin, das sich aus d, t, z oder zz gebildet hat. Die Regel, daß man nach kurzem Vokal ein ſſ, nach langem ein ß setzen soll, ist neuern Datums und mit allen ihren Anhängseln und Komplikationen nur dazu angethan, Verwirrung und Verwicklung zu bereiten. Daß man Wörter, z. B. beißen und gebiſſen, Biß und Biſſen bald mit ß, bald wieder mit ſſ schreiben soll, verunstaltet dieselben so, wie ein roter Schnurrbart, der am Sonntag zur Abwechslung mit schwarzem Cosmétique bestrichen wird, das Gesicht. Mit s und ß reichen wir in allen Fällen aus.

e und ä und die Vokale überhaupt.

An der jetzigen Schreibweise der Vokale, sowohl der einfachen, als auch der Diphthonge, möchte ich nichts ändern, als deren Verdoppelung aa, oo und ee weglassen. Die Fehlerzahl steigt zwar hier, bei aa, oo und ee, nur auf 0,3 %; allein wie hoch würde sie steigen, wenn man nicht mit aller Mühe und Anstrengung der Schüler die davon berührten Wörter vollständig auswendig lernen und bis zum Überdrusse schreiben ließe? Wozu diese ganz unnötige und eigentlich sinnlose Quälerei?

4,5 % haben sich ergeben aus der Schreibung von e und ä; da thäte Abhilfe allerdings not. Allein da ist guter Rat teuer. Wäre die Schreibung des Umlautes ä so alt wie diejenige von ö und ü, und wäre dieselbe von Anfang an konsequent durchgeführt worden; so hätten wir die jetzigen Schwankungen nicht. Wir treffen nämlich in früher Zeit neben *krefte* von *kraft* auch *järic* aus *jâr*. Jetzt läßt sich, was dort versäumt wurde, nicht mehr nachholen, ohne namentlich dem e, dem ältern und einfachern Lautzeichen, Eintrag zu thun; denn ich bin nicht der Ansicht, daß man da, wo, wie z. B. in Käfer, ein ä (= è, nicht å̈, wie z. B. in *äng* = eng) gesprochen wird, zur noch größern Verwirrung das mittelhochdeutsche e wieder herstellen soll; im Gegenteil würde ich es begrüßen, wenn um des **Unterrichts willen** das ä überall seinem Laute nach zur Geltung käme, und man also wieder Ältern statt Eltern schreiben würde. Allein ich will an dieser Sache nicht rütteln, weil ich dem e seine zwei Lautfunktionen so gut gönnen mag als dem i. Daß das y aus **deutschen** Wörtern entfernt werden soll, dazu stimme ich gern, obschon ich bis jetzt gewohnheitsmäßig immer —wyl (Boswyl) geschrieben habe.

v und f (2,6 %).

Das v hatte zu keiner Zeit großen Anklang gefunden. Sehr oft ging es schon im An- und Inlaut in f über. Man vergleiche im Mhd.: *vogel* und *gefügele*, *gevüeget* und *gefüeget*, *hof* (gen. *hoves*), *wolf* (gen. *wolves*). Diese Schwankung zeigt sich auch noch im Neuhochdeutschen. Wir haben neben einander *Fülle* und *voll*, *für* und *vor*, *Fürst* und *vorderst*. Diese Schreibweise ist eine sprachliche Unart. So wenig als wir für den einfachen S-Laut zwei Zeichen bedürfen, ebenso wenig ist es beim V- oder F-Laut, welche beide ja ganz gleich klingen, notwendig. Wären zwei Laute für diese zwei Zeichen vorhanden, oder je auch nur vorhanden gewesen, so würde ich für Beibehaltung beider stimmen. Da solches aber nicht stattfindet und nie stattgefunden hat, so bin ich für Auswerfung des v aus **deutschen** Wörtern und entscheide mich für Beibehaltung des f. Warum neben *für* die Silben „ver" und „vor" noch mit v geschrieben werden sollen, vermag ich nicht einzusehen. Allerdings will dem verwöhnten Auge von Anfang der Forzug unserer Fereinfachung nicht gefallen, und ganz zutreffend sagt Rochholz, Fater und Fetter, Fogt, Fogel und fier werden in der neuen Schreibweise jetzt freilich noch so lächerlich aussehen, wie arme angenommene Kinder, denen man schnell die Kleidung der eigenen anzieht. Allein mit der Zeit wird sich die Sache schon machen. Und wenn bis dorthin auch noch manches Lächeln den Mund kräuseln sollte, so wird dasfelbe hundertfach aufgewogen durch die Abnahme des Verdrusses in tausend und tausend Lehrerherzen.

q [qu] (0,1 %).

Das qu will man durch kw ersetzen. Zu einer Änderung des Bisherigen ist aber kein Grund vorhanden, zumal qu sprachgeschichtlich berechtigt ist und bei dieser Lautverbindung fast keine (0,1 %) Schreibfehler vorkommen.

gs, chs und x (0,1 %), ch und k.

Wenn von einem Buchstaben behauptet werden kann, er sei ein Eindringling in unsere deutsche Sprache, so ist es gewiß das x. Es ist mir daher unbegreiflich, wie man dasselbe allenthalben einführen und die alten währschaften Buchstaben g und ch (gs und chs) aus verschiedenen Wörtern verdrängen will. Dazu ist kein Grund vorhanden; denn einmal ist es keine Vereinfachung, statt gs und chs ein x zu schreiben, und wenn es auch scheinen möchte. Jedes Schulkind wird viel lieber und leichter ein sauberes gs und chs schreiben als ein schönes x. Es ist zu einer solchen Entmannung der Sprache aber auch kein Bedürfnis vorhanden. da die wenigen Wörter, die es betrifft, wie die Erfahrung zeigt, auch höchst selten (0,1 %) verfehlt werden.

Statt Charakter, Chor, Christ — Karakter, Kor und Krist zu schreiben, mag für die Schule einen praktischen Zweck haben. Ich halte konsequent mit dem Nachfolgenden an der ersten Schreibweise fest.

Die Schreibung der Fremdwörter überhaupt.
(0,0 %—0,1 %.)

Die Fremdwörter germanisieren und mit der deutschen Lautbezeichnung versehen zu wollen, kommt mir so vor, als wenn man Birnen auf einen Apfelbaum zweigen wollte. Allerdings ist die griechische und lateinische Sprache mit der deutschen verwandt, weil alle zugleich indogermanisch sind; allein diese Verwandtschaft geht doch nicht weiter als diejenige zwischen Apfelbaum und Birnbaum: beides sind Kernobstbäume und stammen in ihrer frühesten Zeit gewiß auch aus einer gemeinsamen Wurzel. Lassen wir auch hier dem Kaiser, was des Kaisers, und Gott, was Gottes ist. Mit Recht sagt Rochholz: „Filosofie heißt nicht etwa Wahrheitsliebe, sondern Fadenweisheit, denn französisch filature ist die Zwirnfabrik und Seidenwinderei." Ich behaupte: Wer die Fremdwörter mit Vorteil gebrauchen will, der muß ihren Inhalt verstehen; das ist die Hauptsache. Wer aber deren Inhalt durch das Studium der Sprache kennen gelernt hat, der weiß auch, wie man die Fremdwörter schreibt. Für ein paar Wenige,* die noch in gar keine fremde Sprache, auch nicht einmal in die französische hineingesehen haben, unsere Sprache und die darin gebräuchlichen Fremdwörter zustutzen zu wollen, das ist gewiß kein Fortschritt. Ja vielleicht ist es gerade dieser Punkt, welcher bewirkt, daß so viele Gebildete von der neuen Ortografi nichts wissen wollen. Der praktische Vorteil, der daraus erwächst, ist 0,0 wie das Fehlerprozent. Wer wird in dieser Beziehung, wer überhaupt zu den Italienern in die Schule gehen wollen? Ich behalte also in Fremdwörtern mein y, ch,

---

* Wer die Fremdwörter nicht versteht, soll sie auch nicht gebrauchen, sonst wird er dadurch gar leicht „kumpermatiert" (kompromittiert), oder behauptet, seine Frau sei aufs „Kaffe-Machen kompliziert". Alles lebende Beispiele!

ph und ti bei; das einfache c dagegen mag nach dem jetzt schon herrschenden Gebrauche da, wo es wie k gesprochen wird, auch mit k, und wo es wie z gesprochen wird, auch mit z geschrieben werden, z. B. *k*ompliziert. Die Unterscheidung der zweifachen Ausſprache des c fällt den Primarschülern allerdings schwer. Es ist indessen gewiß auch unpraktisch, wenn man in die Fibel schon Fremdwörter mit c gesetzt hat.

Ich schließe mit der Losung: Es lebe die *ſ*e r e i n f a c h t e *Orthographie*!

Inhaltsverzeichnis.

	Seite
Vorbericht	1
Kleidertrachten und Dialekt	1
Bedeutung des Dialektes	4
Mißverständnis desselben	5
Dialekt und Sprachunterricht	8
a. Auffassung und Verständnis	8
b. Ausfprache und Rechtschreibung	13
c. Wortbildung	19
d. Geschlecht	24
e. Wortbiegung	25
f. Konstruktion und Gedankenausdruck	29
Die deutsche Rechtschreibung	35
Verhältnis der Schreibfehler	39
h	40
die großen Anfangsbuchstaben	44
d und t	45
ie	46
n und nn und Verdoppelung der Konsonanten überhaupt	49
f, s, ff und ß	51
e und ä und die Vokale überhaupt	52
v und f	53
qu	54
gs, chs und x, ch und k	54
Schreibung der Fremdwörter	55